as melhores receitas do QUE marravilha!

Claude
Troisgros

as melhores receitas do

QUE marravilha!

gnt

GLOBO estilo

Dedico este livro a todos os participantes e convidados do *Que Marravilha!*

Notas altas ou baixas não importam. Importante é ter se dedicado com suor, vontade e alegria nos momentos que passamos juntos.

Dedico este livro a toda a equipe do *Que Marravilha!* Sem vocês, gente, nada teria acontecido. Amo vocês.

Dedico este livro ao Ric, meu amigo e diretor favorito.

E dedico este livro a vocês, telespectadores, amantes da culinária, por me acompanharem com muito carinho por todos estes anos.

Obrigado a todos.

entradas

massas e risotos

peixes e crustáceos

carnes e aves

sobremesas

dicas

bon appétit!

introdução

Eu sou a terceira geração de uma família de cozinheiros.

Nasci e cresci em um ambiente onde só se falava de comida. A minha educação foi a formação do paladar. Enquanto meus amigos na infância estudavam matemática, história, línguas, eu estudava culinária. Foi simples assim: sem ver, sem sentir, sem saber, me tornei cozinheiro. É isso que eu sou, é isso que eu sei fazer, é isso que eu amo fazer.

Meu primeiro emprego foi com o maior *chef* do mundo, Paul Bocuse, chamado por todos nós de mr. Paul. Foi um aprendizado e tanto. Duro, difícil, intenso, mas extremamente importante...

Depois cruzei a Europa e o mundo, viajando, cozinhando, me apaixonando pela minha profissão. Passei por França, Inglaterra, Irlanda, Alemanha, Japão, China, Estados Unidos e, finalmente, cheguei ao Brasil.

Se foi a busca por uma aventura, se foi por uma oportunidade, não sei dizer. Mas sei que foi no momento certo. Me apaixonei por um país que me acolheu de braços abertos. Um Brasil que me permitiu criar uma personalidade própria, que me permitiu conhecer e valorizar os seus produtos, um país aberto a novas ideias, a novos sabores. Assim nasceu o que podemos chamar de minha cozinha franco-brasileira. Trinta e dois anos já se passaram, e passaram bem rápido, mas foi tempo suficiente para conhecer este lindo país, pesquisar os seus produtos regionais. Cresci como *chef* e *restaurateur*, abri o meu restaurante Olympe e afinei os conceitos de CT Brasserie, CT Boucherie e CT Trattorie. Eduquei meus dois filhos, Thomas e Carolina, no inesgotável mundo da gastronomia. E realizei um sonho: mostrar a minha arte para um público maior.

Isso aconteceu há sete anos, quando entendi que a televisão ia me ajudar a fazer isso. Mais uma vez, a sorte bateu na minha porta quando, certa noite, tive o prazer de receber em meu restaurante no Rio de Janeiro Marluce Dias da Silva, CEO da Rede Globo na época, acompanhada de seu marido, o professor Eurico Cunha. Estavam festejando o aniversário de casamento e me pediram para preparar um menu-degustação, porque "temos confiança total em você, *chef*", disseram. A oportunidade de realizar meu sonho estava ali, em minhas próprias mãos, em minhas próprias panelas. Era só dar tudo de mim, cozinhando com sensibilidade e com amor.

Tudo deu certo e consegui entrar no mundo mágico da televisão. Foi assim que nasceu o *Menu Confiança* e alguns anos depois o *Que Marravilha!*.

O *Que Marravilha!* me abriu muitas portas, me fez entender o mundo até então desconhecido da televisão. Aprendi muito mais do que ensinei. E hoje, por meio deste livro, quero dividir e compartilhar com vocês algumas de minhas receitas preferidas. Quero ajudar vocês a entenderem como é a arte de cozinhar. Essas receitas foram criadas com muito carinho e podem ser repetidas e interpretadas de maneira fácil e divertida.

Repetindo uma frase do meu avô Jean Baptiste: "Para ser feliz, o cozinheiro tem de ser generoso e livre". Que marravilha!

CLAUDE TROISGROS

entradas

baba ganoush de jiló com vieiras crisp

INGREDIENTES

PARA TIRAR O AMARGOR DO JILÓ
1 l de água
suco de 3 limões
100 g de sal

PARA O BABA GANOUSH
8 jilós grandes
100 g de tahine (pasta árabe de gergelim)
½ colher de mel
suco de 2 limões
50 g de pão de forma ralado
60 ml de azeite extravirgem
hortelã picada
pimenta dedo-de-moça
sal

PARA AS VIEIRAS
4 vieiras frescas grandes
2 colheres de farinha de trigo
1 ovo batido
150 g de panko (ou pão de forma ralado)
sal
pimenta-do-reino

NA HORA DE SERVIR
8 torradas finas
folhas de minirrúcula ou a erva que preferir
azeite extravirgem

PORÇÃO 4 pessoas

MODO DE FAZER

JILÓ

Corte os jilós em dois (mantenha o cabinho) e fure-os com um garfo. Misture água, suco de limão e sal. Deixe os jilós marinando por 30 minutos nessa água.

BABA GANOUSH

Retire os jilós da água e esprema bastante para eliminar todo o líquido. Coloque os jilós num tabuleiro com azeite no fundo e regue-os com bastante azeite. Asse no forno a 180°C por cerca de 40 minutos. Quando estiver pronto, deixe esfriar e retire a polpa do jiló com a ajuda de uma colher de café, sem danificar a casca. Com a polpa do jiló, misture tahine, mel, pimenta dedo-de-moça e acrescente pão de forma ralado para engrossar. Enquanto mistura, coloque hortelã e azeite. Por fim, acrescente o suco dos limões e sal. Agora basta rechear as cascas dos jilós e guardar na geladeira por, no mínimo, 1 hora.

VIEIRAS

Para empanar as vieiras, prefira o pão japonês panko, que dá uma textura muito mais crocante. Misture a clara e a gema dos dois ovos. Tempere as vieiras com sal e pimenta e passe na farinha de trigo, no ovo e, por último, no panko. Frite numa frigideira com um pouco de azeite bem quente, até tostar.

SERVIR

Feche o jiló com a sua tampinha para que ele retorne à forma original e leve ao prato. Disponha a vieira no centro com duas torradas finas. Regue com azeite e decore com folhas de minirrúcula.

DICAS

O pão, que vai no recheio do jiló, pode ser passado no processador de alimentos para melhorar sua textura.
Capriche no limão para fazer o baba ganoush, porque é ele que dá a acidez necessária ao prato.
O baba ganoush pode ser consumido com torradas e não necessariamente como recheio dos jilós.

“A salada fica ainda mais gostosa, e com muito mais sabor, se você prepará-la com um dia de antecedência.”

atum em crosta de gergelim e salada de couve-flor

INGREDIENTES

PARA O ATUM

600 g de filé de atum
2 claras
100 g de gergelim branco
100 g de gergelim preto
80 ml de azeite
sal
pimenta-do-reino

PARA A SALADA DE COUVE-FLOR

300 g de couve-flor
4 limões
100 ml de molho de soja
2 colheres (sopa) de mel
80 g de gengibre ralado
100 ml de óleo de gergelim
3 dentes de alho picados
1 pimenta-do-reino amassada
1 punhado de coentro em grão
sal a gosto

PORÇÃO 4 pessoas

MODO DE FAZER

Cortar o filé de atum em tiras de 12 cm de comprimento e 3 cm de diâmetro. Ponha duas claras de ovo dentro de um recipiente e bata. Tempere as claras com sal e pimenta-do-reino e bata outra vez. Coloque o atum no recipiente e misture com a clara. Em outra vasilha, ponha um pouco de gergelim e envolva o atum nos grãos. Enrole o atum em um pedaço de papel filme para que o gergelim fique bem preso ao peixe. Guarde na geladeira por, no mínimo, 1 hora. Ponha um pouco de azeite na frigideira e deixe esquentar. Retire o papel filme e deixe o atum fritar por todos os lados rapidamente (o atum tem que ficar cru por dentro). Retire e guarde. Enquanto isso, corte em pedaços pequenos a couve-flor. Não se esqueça de retirar o talo.

Para fazer o molho da salada, misture um pouco de alho, molho de soja, caldo de limão, óleo de gergelim, mel e gengibre ralado.

Puxe no azeite quente a couve-flor e deixe fritar por pouco tempo. Retire a couve-flor da frigideira e jogue-a no recipiente do molho. Misture bem. Corte um ramo de salsinha e misture à couve-flor. Amasse um pouco de pimenta em grão e jogue na salada.

Corte o atum em fatias grossas e disponha-as em um prato. Coloque a salada de couve-flor no meio e ao redor do prato. Para finalizar, regue o prato com um pouco de azeite.

DICAS

Se a gema cair no recipiente em que você estiver separando a clara, pegue um pedaço da casca do ovo e envolva a gema – ela é recuperada por completo.
Para que o gergelim fique bem grudado no atum, guarde o peixe envolvido no papel filme na geladeira por 12 horas.
O gengibre deve ser ralado na hora em que for acrescentado à salada para não perder o sabor.

atum em crosta de gergelim e salada de couve-flor

salada de trilha com laranja

INGREDIENTES

PARA O ROUGET (marinada)

- 4 trilhas frescas
- 300 ml de suco de laranja
- 300 ml de vinagre de vinho branco
- louro, tomilho e alecrim
- 6 dentes de alho amassados
- coentro em grão
- pimenta dedo-de-moça picada
- pimenta-do-reino moída
- sal

PARA A SALADA

- 2 cogumelos Paris fatiados
- 2 shitakes
- 4 rabanetes fatiados
- 12 gomos de laranja
- sal
- pimenta-do-reino moída
- flores comestíveis
- 3 colheres (sopa) de azeite extravirgem
- 1 endívia

PORÇÃO 4 pessoas

MODO DE FAZER

ROUGET (marinada)

Coloque os filés de trilha em um tabuleiro e tempere-os com sal e pimenta-do-reino. Em seguida, ponha em uma panela o suco de laranja, o vinagre de vinho branco, o coentro em grão, o alho amassado, a pimenta dedo-de-moça picada e as ervas aromáticas (louro, tomilho e alecrim). Deixe ferver e, assim que atingir o ponto de fervura, jogue o caldo quente sobre as trilhas. Guarde na geladeira por, no mínimo, 6 horas.

SALADA

Coloque azeite em uma frigideira e espere esquentar. Fatie os shitakes e puxe rapidamente no azeite. Tempere com sal e pimenta-do-reino moída. Corte o cogumelo Paris cru e as pontas de endívia para colocar no prato.

SERVIR

Coloque uma trilha em cada prato e monte os ingredientes na seguinte ordem: shitake, rabanete, endívia, gomos de laranja, cogumelo Paris cru e flores comestíveis. Finalize com azeite, pouco sal e pimenta-do-reino moída.

DICAS

Para cortar a trilha em filés, comece cortando a partir da guelra, rente à espinha do peixe. Depois, retire as espinhas que estão à mostra ou espere que se soltem durante o cozimento. A acidez do vinagre acaba por eliminar a espinha do peixe.

A marinada quente e ácida faz a trilha marinar. O ideal é que o recipiente fique coberto por uma noite na geladeira para que os temperos penetrem no peixe.

polvo com salada de batata

INGREDIENTES

PARA O POLVO

1 polvo de 1,5 kg
200 g de sal grosso
300 ml de vinho branco
2 colheres (sopa) de tomate concentrado
2 colheres (sopa) de azeite
1 cenoura em cubos
1 talo de aipo em cubos
1 cebola roxa em cubos
1 cabeça de alho picado
1 bouquet garni (tomilho, louro e salsa)
água para cobrir

PARA A MAIONESE

1 colher (sopa) de mostarda Dijon
2 gemas de ovo
200 ml de óleo de soja
100 ml de azeite
suco de limão a gosto
sal
pimenta-do-reino

PARA A SALADA DE BATATA

3 batatas
2 cebolas roxas descascadas e fatiadas
2 ovos cozidos por 10 minutos
maionese
80 g de azeitonas pretas em lascas
2 colheres (sopa) de cebolinha francesa picada
1 colher (chá) de raspas de limão-siciliano
suco de 2 limões-sicilianos
tabasco
sal

MODO DE FAZER

POLVO

Limpe o polvo, coloque num recipiente com sal grosso por 10 minutos e depois lave bem. Corte a cebola roxa com casca em cubos. Corte a cabeça de alho com casca, o aipo em cubos e prepare o bouquet garni. Coloque 2 colheres de azeite na panela de pressão, jogue os ingredientes e refogue em fogo alto. Coloque o polvo na panela com vinho branco, água, tomate concentrado e feche para que ferva. Depois de ferver, cozinhe por mais 20 minutos.

Retire o polvo da panela de pressão para esfriar. Pegue duas conchas do caldo e jogue numa frigideira para reduzir. Guarde o caldo para colocar na salada de batata.

MAIONESE

Misture a mostarda Dijon, as gemas, o sal e a pimenta-do-reino. Acrescente devagar, e mexendo sem parar, o óleo de soja e o azeite. Verifique os temperos e coloque limão.

SALADA DE BATATA

Asse as batatas com a casca enroladas em papel-alumínio a 180°C no forno durante 30 a 40 minutos. Fure as batatas para ver se estão macias. Retire o papel-alumínio. Corte cada batata em dois pedaços e depois em cubos grandes com a casca. Junte as batatas numa tigela com todos os ingredientes e coloque maionese para dar liga. Misture e coloque o caldo reduzido do polvo e o suco de ½ limão-siciliano.

SERVIR

Corte o polvo em pedaços grandes. Coloque azeite na frigideira bem quente e jogue o polvo cozido e cortado para caramelizar no fogo médio. Acrescente pimenta, sal, alho picado e salsa picada.

Coloque a salada de batata no centro do prato e disponha o polvo sobre ela. Decore com minirrúcula e azeite.

NA HORA DE SERVIR
2 colheres (sopa) de azeite
2 colheres (sopa) de alho picado
2 colheres (sopa) de salsa picada
minirrúcula
pimenta-do-reino
sal

PORÇÃO 4 pessoas

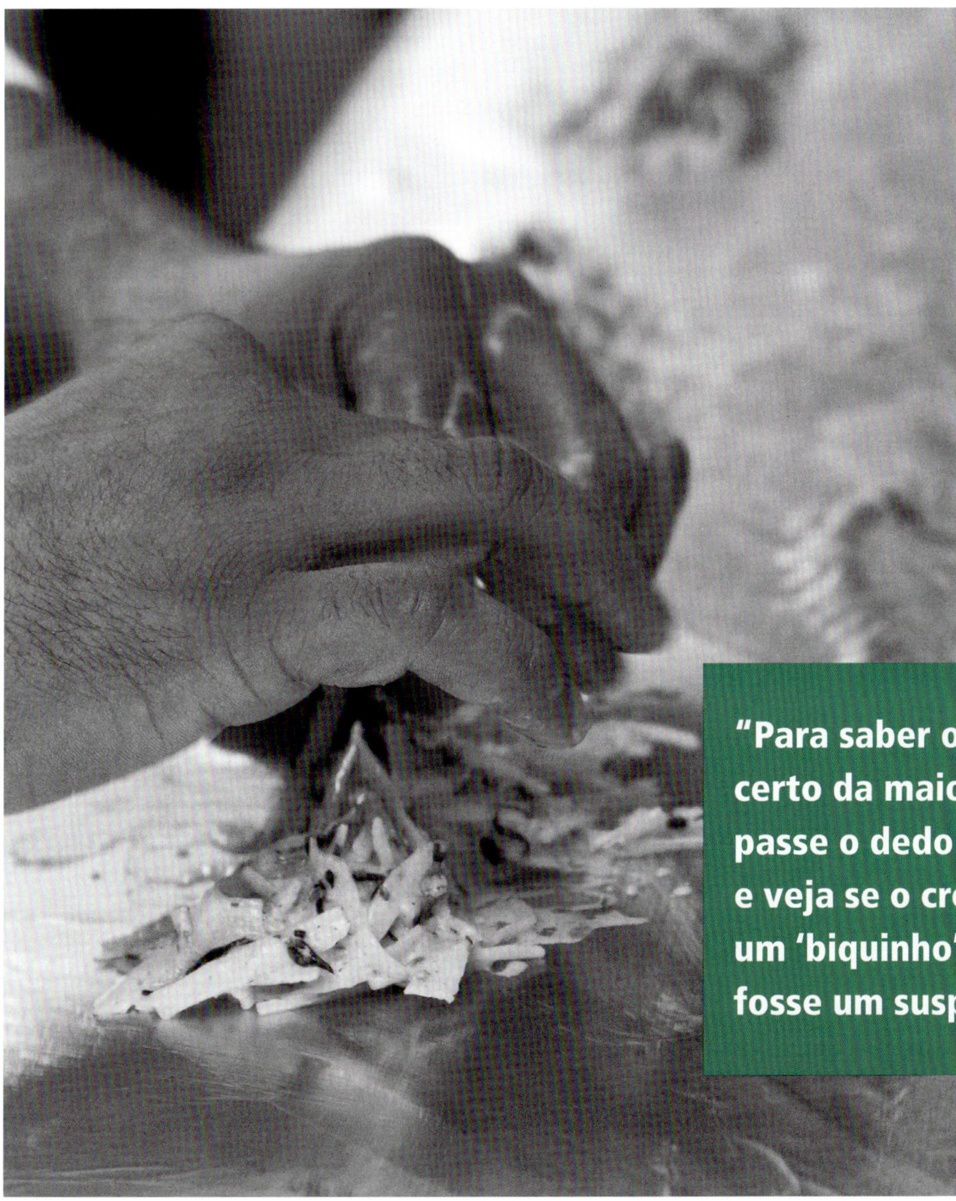

"Para saber o ponto certo da maionese, passe o dedo na colher e veja se o creme forma um 'biquinho', como se fosse um suspiro."

polvo com salada de batata

salada de cogumelos e camarões ao cominho

INGREDIENTES

PARA A SALADA DE COGUMELOS
400 g de cogumelo Paris fresco e cortado em 4 pedaços
200 g de shitake fatiado
150 g de shimeji
80 ml de azeite
20 g de alho picado
80 g de cebola fatiada
2 tomates em cubos
1 colher (sopa) de tomate concentrado
150 ml de vinho branco seco
250 ml de água
1 pimenta dedo-de-moça
1 punhado de coentro em grão
sal a gosto
1 punhado de manjericão,
estragão, salsa, coentro e cebolinha francesa
suco de limão-siciliano a gosto
lascas de parmesão

PARA OS CAMARÕES AO COMINHO
16 camarões grandes
1 colher (sopa) de cominho em pó
pimenta-do-reino
sal

PORÇÃO 4 pessoas

MODO DE FAZER

SALADA

Corte a cebola roxa em fatias. Ponha azeite em uma panela e coloque a cebola fatiada. Acrescente alho a gosto. Junte os cogumelos. Despeje mais um pouco de azeite. Em seguida, ponha o shimeji e um pouco de pimenta-do-reino. Despeje o vinho branco. Retire a pele dos tomates, corte-os em cubinhos e ponha-os na panela. Acrescente o tomate concentrado. Coloque a pimenta dedo-de-moça picada. Por último, acrescente coentro em grão e meio copo de água na panela. Deixe cozinhar por 20 minutos em fogo baixo. Retire do fogo, deixe esfriar um pouco e coloque a salada na geladeira.

CAMARÕES

Corte os camarões ao meio na horizontal e tempere com cominho, sal e pimenta. Coloque um pouco de azeite em uma frigideira e espalhe os camarões. Não mexa nos camarões enquanto estiverem na frigideira, até ficarem dourados de um lado só. Quando os camarões estiverem dourados, dê uma mexida rápida para fritar o outro lado e esprema um pouco de limão-siciliano na frigideira para que soltem o caldo.

SERVIR

Retire a salada da geladeira e ponha um pouco de coentro, manjericão, salsa, cebolinha francesa e estragão picados. Misture. Coloque a salada em um prato e os camarões sobre ela. Para finalizar, coloque um pouco de parmesão ralado, azeite e folhas de manjericão.

DICAS

Prefira a cebola roxa, que é mais suave, à branca.
Em vez de lavar os cogumelos Paris, esfregue-os com um pano de prato limpo. Isso evita a oxidação.
Há uma razão para usar tomates picados: a salada se torna mais úmida.
O cominho foi escolhido para temperar os camarões porque empresta um sabor marroquino ao prato – mas não exagere na quantidade, já que esse tempero é forte.

mille feuille de palmito e ceviche

INGREDIENTES

PARA O CEVICHE
400 g de filé de pargo
suco de 4 limões-sicilianos
1 pimenta dedo-de-moça picada
100 ml de azeite extravirgem
1 cebola roxa fatiada
coentro picado
salsinha picada
2 tomates sem pele, cortados em cubos
sal
pimenta-do-reino

PARA O PALMITO PUPUNHA
1 coração de palmito pupunha

PORÇÃO 4 pessoas

MODO DE FAZER

CEVICHE

Retire a pele e a espinha do filé de pargo e corte o peixe em cubinhos. Tempere com sal e pimenta-do-reino. Corte um limão e despeje um pouco do suco nos cubos de filé. Ponha um pouco de azeite, mexa e deixe na geladeira por 10 a 15 minutos. Corte uma cebola roxa em fatias finas e coloque-a na água com gelo por 15 minutos. Retire a pele dos tomates e corte-os em cubos. Pique uma pimenta dedo-de-moça.

Retire o peixe da geladeira e misture com a cebola, o tomate e a pimenta. Pique um punhado de salsa e jogue no recipiente do peixe junto com uma porção de coentro em grão. Corte uma laranja ao meio, despeje um pouco do suco no filé e misture tudo. Guarde o peixe na geladeira enquanto prepara o palmito. Corte a parte mais grossa do palmito em fatias redondas bem finas.

SERVIR

Ponha um pouco de ceviche no centro do prato e coloque uma fatia de palmito sobre ele. Depois, ponha mais um pouco de ceviche e outra fatia de palmito. Faça isso até completar 5 camadas. Regue com um pouco de azeite misturado com o caldo do ceviche. Para finalizar, distribua pequenas folhas de minirrúcula por todo o prato.

DICAS

Corte o pargo no sentido vertical e depois em cubinhos.
A pimenta-do-reino branca deve ser moída na hora em que o pargo for temperado com o sal e o limão-siciliano. Tanto o sal quanto o limão deixam o peixe com sua cor original (branquinho). O limão é o ingrediente que vai "cozinhar" o peixe.
Para deixar o sal soltinho, coloque 100 g de pimenta em pó em 250 g de sal. A pimenta retira a umidade do sal e dá sabor.
A ardência da pimenta dedo-de-moça é provocada por suas sementes. Quando retiradas, a pimenta tem tão pouca ardência quanto um pimentão.
Para retirar a pele do tomate, faça uma cruz no lado oposto ao do cabinho. Jogue o tomate na água fervente por 15 segundos. Em seguida, jogue o tomate em um recipiente com água e gelo. A pele sai facilmente.

lagostins com batata-doce agridoce

MODO DE FAZER

XAROPE

Coloque em uma panela com água fervendo o açúcar, a canela, os cravos, o anis-estrelado, o gengibre cortado com casca e o suco de limão-siciliano.

BATATA-DOCE

Corte uma batata-doce com casca em lâminas longas e muito finas (cerca de 1 mm de espessura; use um fatiador de legumes para isso). Ferva as lâminas por 5 a 6 minutos, até ficar *al dente*, depois retire e coloque em um recipiente. Regue com 2 colheres (sopa) de caldo quente e um fio de azeite e deixe na geladeira por 6 horas. Corte a segunda batata, também com casca, em lâminas longas e finas. Coloque essas lâminas na água com gelo durante 5 minutos. Retire-as do gelo e seque-as num pano – essas lâminas de batata serão usadas para enrolar o lagostim, que será frito.

LAGOSTINS

Tempere os lagostins com sal e pimenta-do-reino moída. Enrole cada um deles nas fatias de batata-doce que estiveram no gelo e foram secas, deixando uma aba. Coloque um palito para prender o lagostim na batata e frite numa panela com metade de óleo e metade de azeite. Frite por, aproximadamente, 2 minutos, ou até ficar crocante, e seque antes de servir.

SERVIR

Em um prato, disponha uma ou duas lâminas de batata-doce que ficaram por 6 horas na geladeira. Acrescente 3 ou 4 grãos de coentro, sal marinho, aliche e alcaparras cortadas em dois. Decore com miniervas, minissaladas (manjericão e minirrúcula ou qualquer outra erva da preferência) e flores comestíveis, disponha os lagostins crisps sobre a batata e tempere com azeite.

DICAS

Seis horas na geladeira são suficientes para que o xarope impregne na batata-doce.
A água com gelo retira um pouco da fécula da batata-doce e faz com que ela se torne mais crocante.

INGREDIENTES

PARA O XAROPE

450 ml de água
150 g de açúcar
2 pedaços de canela em pau
3 cravos
2 anises-estrelados
100 g de gengibre fatiado
suco de 2 limões-sicilianos (se não houver o siciliano, pode ser o taiti)

PARA AS BATATAS-DOCES

2 batatas-doces grandes com casca

PARA OS LAGOSTINS

12 lagostins bem frescos e descascados
sal e pimenta-do-reino moída

NA HORA DE SERVIR

60 ml de azeite extravirgem
4 alcaparras gigantes
4 filés de aliche em cubos
minirrúcula e manjericão
miniervas
minissaladas
3 coentros em grão
1 pitada de sal marinho

PORÇÃO 4 pessoas

“O abacate oxida com facilidade. Use limão para amenizar esse problema.”

guacamole de abacate e camarões

MODO DE FAZER

GUACAMOLE

Retire o abacate da casca, corte em cubos grandes e coloque numa vasilha bem larga. Acrescente todos os ingredientes. Misture devagar para não amassar o abacate. Guarde na geladeira.

MAIONESE

Misture a mostarda com a gema, o sal e a pimenta. Acrescente, sem parar de mexer, o óleo e o azeite.

CAMARÕES

Tempere os camarões e puxe-os no azeite. Depois, quando estiverem mais frios, desfie a carne deles com as mãos. Misture à maionese. Disponha os camarões no fundo de uma taça. Cubra com o guacamole. Regue com azeite.

INGREDIENTES

PARA O GUACAMOLE

2 abacates maduros
4 limões (para o suco)
1 colher (sopa) de cebola picada
2 dentes de alho picados
1 colher de gengibre ralado
1 pimenta dedo-de-moça picada
1 colher (sopa) de mel
coentro
sal
pimenta-do-reino
azeite extravirgem

PARA A MAIONESE

1 colher (sopa) de mostarda Dijon
1 gema
150 ml de óleo
100 ml de azeite extravirgem
sal
pimenta-do-reino

PARA OS CAMARÕES

16 camarões descascados
4 a 5 colheres (sopa) de maionese
sal
pimenta-do-reino

PORÇÃO 4 pessoas

guacamole de abacate e camarões

carpaccio de melancia

INGREDIENTES

PARA A MAIONESE

1 colher (sopa) de mostarda Dijon
1 gema
suco de ½ limão
150 ml de óleo de soja
100 ml de azeite extravirgem
sal a gosto
pimenta-do-reino a gosto

PARA O CARPACCIO

½ melancia
100 ml de azeite extravirgem
2 colheres (sopa) de alcaparras picadas
4 colheres (sopa) de maionese fresca
azeitonas pretas picadas
minirrúcula
sal a gosto
pimenta-do-reino a gosto
queijo parmesão do tipo *Grana Padano*

PORÇÃO 4 pessoas

MODO DE FAZER

MAIONESE

Misture a mostarda Dijon com as gemas, o limão, o sal e a pimenta. Acrescente aos poucos o óleo e o azeite, misturando sempre.

CARPACCIO

Corte a polpa da melancia em fatias bem finas e retire as sementes. Seque entre dois panos, apertando bem para eliminar o excesso de líquido. Disponha a melancia num prato raso bem largo. Tempere com sal, pimenta-do-reino moída e regue com azeite. Coloque as alcaparras, a maionese, as azeitonas pretas e a minirrúcula. Finalize com o parmesão ralado.

DICA

A melancia precisa ser madura, mas firme, para que se possam tirar lascas grandes dela. E, de preferência, que não seja muito doce.

salada caprese

INGREDIENTES

PARA A SALADA

4 tomates maduros grandes
12 unidades de muçarela de búfala
50 g de coração de palmito
200 g de pão de forma branco ralado
azeite extravirgem
sal a gosto
pimenta-do-reino moída na hora

PARA O MOLHO PESTO

30 g de pinoli
30 g de queijo parmesão ralado
30 g de manjericão
10 g de salsinha picada
100 ml de azeite extravirgem
sal a gosto
pimenta-do-reino moída na hora

PORÇÃO 4 pessoas

MODO DE FAZER

SALADA

Corte os tomates em fatias de aproximadamente 2 mm de espessura (4 fatias por pessoa) e tempere com sal e pimenta-do-reino. Corte a muçarela de búfala em fatias e fatie o palmito. Coloque um ingrediente sobre o outro na seguinte ordem: tomate, muçarela, tomate, palmito, tomate, muçarela, tomate. Empane essa torre de ingredientes com o pão de forma e frite rapidamente os dois lados em azeite quente.

MOLHO PESTO

Bata todos os ingredientes no liquidificador.

SERVIR

Coloque o molho pesto no prato e disponha a salada no meio dele. Decore com folhas de manjericão.

DICA

O tomate deve ser bem vermelho, mas não maduro demais que comprometa os outros dois ingredientes.

marravilha!

06:17:59:28
Luiz

massas e risotos

risoto de brie, parma, tomate e rúcula

INGREDIENTES

PARA O ARROZ

300 g de arroz arbóreo
2 colheres (sopa) de cebola picada
1 copo de vinho branco seco
8 a 10 conchas de caldo de frango fervente
1 colher (sopa) de manteiga
300 g de queijo brie em cubos
4 fatias de presunto de Parma à julienne
rúcula
sal
pimenta-do-reino

PARA O MOLHO DE TOMATE

4 tomates maduros
½ cebola picada
1 dente de alho picado
1 colher (sopa) de azeite
½ colher (sopa) de tomate concentrado
80 ml de água
sal
pimenta dedo-de-moça

PORÇÃO 4 pessoas

MODO DE FAZER

ARROZ

Refogue a cebola no azeite. Coloque o arroz e refogue por mais 2 minutos. Faça o *déglacer* com vinho branco e reduza. Acrescente 2 conchas de caldo de frango e reduza até secar sem parar de mexer. Continue a mesma operação colocando de 2 em 2 conchas de caldo até atingir de 8 a 10 e o risoto ficar *al dente*. Adicione o queijo brie, o presunto de Parma e a manteiga. Verifique os temperos, desligue o fogo e coloque a julienne de rúcula.

MOLHO DE TOMATE

Puxe no azeite a cebola, o alho e a pimenta dedo-de-moça. Coloque os tomates sem pele e sem sementes cortados em cubos. Junte o tomate concentrado e a água e deixe cozinhar em fogo baixo por, aproximadamente, 20 minutos, até ficar mais grosso. Tempere e bata no liquidificador.

SERVIR

Coloque o risoto no prato fundo. Regue com o molho e algumas gotas de azeite extravirgem. Decore com folhas de manjericão. Se quiser, rale parmesão por cima.

DICAS

Prefira usar o queijo brie porque ele é amanteigado, cremoso, e dá ótima liga ao risoto.
O caldo de frango substitui a água e dá melhor sabor ao arroz.
Não use sal porque o presunto de Parma vai dar o sabor salgado ao risoto.
A função da manteiga é dar brilho ao arroz – não esqueça de colocá-la na finalização.

risoto de abóbora e bacalhau com folhas de ouro

INGREDIENTES

PARA A ABÓBORA
400 g de abóbora-bahia cortada em fatias e sem sementes
2 colheres (sopa) de azeite
sal
pimenta-do-reino

PARA O BACALHAU
800 g de bacalhau imperial
1,3 l de água
1 cabeça de alho
tomilho
alecrim
louro

PARA O RISOTO
300 g de arroz arbóreo
1 taça de vinho branco
8 a 10 conchas de água do cozimento do bacalhau
1 colher (sopa) de azeite
2 colheres (sopa) de cebola picada
120 g de palmito pupunha fresco cortado em cubos
100 g de requeijão cremoso
100 g de parmesão ralado
pimenta dedo-de-moça
sal

NA HORA DE SERVIR
salsa picada
azeite extravirgem
folhas de ouro

PORÇÃO 4 pessoas

MODO DE FAZER

ABÓBORA

Tempere as fatias de abóbora com sal, pimenta-do-reino e azeite. Enrole-as em papel-alumínio. Asse por 40 minutos em forno a 180°C. Depois, amasse-as com um garfo, mas sem fazer purê.

BACALHAU

Corte a cabeça de alho ao meio, sem descascar. Ferva-o junto com as ervas. Coloque o bacalhau na panela tampada durante 15 minutos, sem deixar que a água ferva. Desligue o fogo e deixe tampado por mais 5 minutos. Retire, deixe esfriar e desfie o peixe em lascas.

RISOTO

Coloque azeite em uma panela e ponha a pimenta dedo-de-moça e a cebola. Mexa bem. Coloque o arroz e refogue por 2 minutos. Acrescente o vinho branco e deixe reduzir. Acrescente 4 conchas da água do bacalhau e reduza até secar, sem parar de mexer. Continue a mesma operação, colocando a água do bacalhau de 2 em 2 conchas, até chegar ao ponto desejado (*al dente* cremoso). Junte os palmitos, a abóbora amassada, o parmesão e o requeijão. Mexa bem.

SERVIR

Junte ao risoto o bacalhau desfiado e a salsa. Misture devagar para não quebrar as lascas de bacalhau. Coloque no prato e regue com azeite e decore com folhas de louro.

DICAS

Deixe o bacalhau dessalgando por três dias na água com gelo, trocando de 4 em 4 horas. Guarde a água em que o bacalhau for cozido para usar no cozimento do risoto depois.
Faça cortes perpendiculares na cebola e depois horizontais para que ela fique em cubinhos.

"O arroz arbóreo é o ideal para o risoto porque, além de seu grão ser pequeno e duro, solta o amido que dá consistência ao prato."

risoto de abóbora e bacalhau com folhas de ouro

ravióli de filé-mignon com amêndoas

MODO DE FAZER

MASSA

Coloque os 4 ovos em uma tigela e bata ligeiramente. Espalhe a farinha na mesa, faça um buraco no meio e ponha os ovos batidos. Acrescente uma pitada de sal, o azeite e misture tudo com as mãos. Quando a massa estiver lisa e uniforme, forme uma bola de aproximadamente 10 cm, enrole em um papel filme e deixe descansar por uma hora. Depois abra a massa o mais fino que puder. Disponha uma parte da massa em cima da forma de ravióli. Nos buraquinhos, coloque o recheio e pincele um pouco de gema. Ponha a outra parte em cima e passe o rolo. Separe cada ravióli.

MOLHO BRANCO DO RECHEIO

Em uma panela, derreta a manteiga, junte a farinha e deixe cozinhar por 2 minutos. Acrescente o leite fervente, tempere e ferva até engrossar, sem parar de mexer para não queimar.

RECHEIO

Em outra panela, refogue, na manteiga, a cebola, o pimentão, o alho e a pimenta dedo-de-moça durante 2 minutos. Acrescente a carne e tempere com sal e pimenta-do-reino. Cozinhe até secar e acrescente o molho branco. Misture tudo, deixe esfriar e coloque no processador de alimentos. Bata.

MOLHO DA MASSA

Coloque em uma frigideira a manteiga e deixe cozinhar até ficar marrom-clara (*noisette*). Junte o molho de soja, as amêndoas tostadas e a sálvia. Mexa.

SERVIR

Cozinhe os raviólis na água com sal até ficar *al dente*. Escorra e coloque a massa no prato. Regue com o molho e rale o queijo parmesão por cima.

DICAS

Cuidado com o sal na hora de fazer a massa, porque ele pode "cozinhar" os ovos. Misture os ingredientes imediatamente.
Preste atenção para não exagerar na quantidade de recheio – o ravióli pode "estourar".

INGREDIENTES

PARA A MASSA

400 g de farinha de trigo
4 ovos
2 colheres (sopa) de azeite extravirgem
2 gemas
sal

PARA O MOLHO BRANCO DO RECHEIO

15 g de farinha de trigo
15 g de manteiga
150 ml de leite fervente
sal
pimenta-do-reino

PARA O RECHEIO

400 g de filé-mignon moído
1 colher (sopa) de manteiga
2 colheres (sopa) de cebola picada
1 colher (sopa) de alho picado
½ pimentão verde em cubinhos
½ pimenta dedo-de-moça picada
sal
pimenta-do-reino

PARA O MOLHO DA MASSA

6 colheres (sopa) de manteiga
200 g de amêndoas tostadas
2 colheres (sopa) de molho de soja
sálvia picada
sal
pimenta-do-reino

PORÇÃO 4 pessoas

raviÓli aberto de batata-baroa e haddock

INGREDIENTES

PARA O RAVIÓLI
250 g de farinha de trigo
2 ovos
3 gemas
5 g de sal
25 g de azeite
10 ml de água

PARA O PURÊ DE BAROA
250 g de batata-baroa
80 ml de creme de leite
1 colher (sopa) de manteiga
sal a gosto

PARA O HADDOCK
400 g de haddock defumado
1 l de azeite extravirgem
4 dentes de alho
2 pimentas dedo-de-moça
louro
alecrim

NA HORA DE SERVIR
parmesão em lascas
cebolinha francesa picada

PORÇÃO 4 pessoas

MODO DE FAZER

RAVIÓLI

Bata a farinha, os ovos, as 2 gemas, o sal e a água na batedeira em velocidade mínima por 10 minutos até ter uma massa bem lisa. Coloque o azeite pouco a pouco e, se precisar, acrescente a terceira gema. Amasse bem e enrole a massa em papel filme. Deixe-a descansar por 2 horas antes de usar. A massa deve ficar fora da geladeira. Depois, passe a massa na máquina, começando pelo número 1 e indo até o número 8. Corte em quadrados de 6 × 6 cm. Cozinhe os quadrados de massa em fogo baixo com água e sal até ficar *al dente*, sem deixar quebrar. Retire do fogo e coloque em água gelada. Guarde os raviólis em uma forma regada com bastante azeite para não grudar.

PURÊ DE BAROA

Descasque as batatas e corte-as em cubos. Cozinhe na água com sal. Peneire-as e bata-as no processador de alimentos com o creme de leite fervente e a manteiga. As batatas devem ser batidas ainda quentes. Tempere com o sal.

HADDOCK

Aqueça o azeite a 80°C. Se o azeite começar a ferver, diminua o fogo ou acrescente azeite frio. Coloque o ramo de alecrim, o alho, a pimenta dedo-de-moça e o louro. Mergulhe o haddock no azeite. Desligue o fogo e deixe tampado por 15 minutos.

SERVIR

Disponha um ravióli *al dente* no fundo do prato e cubra-o com uma boa colher de purê de baroa. Se o purê estiver frio, esquente-o. Cubra com outro ravióli. Esquente em forno a 180°C por 2 minutos. Retire o haddock do azeite, desmanche-o em lascas e coloque-as sobre o ravióli. Regue com o azeite do cozimento. Coloque a cebolinha francesa e as lascas de parmesão. Decore com o alho, as ervas e a pimenta dedo-de-moça.

DICAS

A massa tem de descansar fora da geladeira para não endurecer. Não cozinhe a massa por muito tempo. Deixe-a mais *al dente* do que o normal. Ela continuará cozinhando dentro do forno.

risoto de quinoa com brócolis e salsinha

INGREDIENTES

200 g de quinoa real
2 colheres (sopa) de cebola picada
2 dentes de alho picados
80 ml de vinho branco
80 ml de creme de leite fresco
130 g de parmesão ralado
1 maço de brócolis cozido em água e sal picado
1 colher (sopa) de salsinha picada
1 colher (sopa) de manteiga
gotas de limão
sal a gosto
pimenta-do-reino

PORÇÃO 4 pessoas

MODO DE FAZER

Puxe no azeite a cebola e o alho. Junte a quinoa e refogue por 2 minutos. Faça o *déglacer* com vinho branco e reduza. Coloque água fervente pouco a pouco até a quinoa ficar cozida (aproximadamente 10 minutos). Junte o parmesão e o creme de leite e cozinhe por mais 5 minutos. Finalize colocando o brócolis, a salsinha, o limão e a manteiga.

DICAS

Cozinhe o brócolis em água salgada até ficar cozido e *al dente*. Jogue-o imediatamente na água com gelo para dar choque térmico. Assim ele guardará sua cor verde natural.

espaguete com salmão defumado

INGREDIENTES

PARA O ESPAGUETE

250 g de espaguete cru ou 600 g de espaguete cozido
azeite
sal

PARA O SALMÃO

400 g de salmão fresco em filés de 100 g
1 colher (sopa) de azeite extravirgem
sal
pimenta-do-reino

PARA O MOLHO

1 colher (sopa) de azeite extravirgem
½ cebola cortada em cubos
2 colheres (sopa) de alho picado
150 g de alho-poró fatiado
6 cogumelos Paris grandes cortados em cubos
400 ml de creme de leite
3 colheres (sopa) de requeijão
2 colheres (sopa) de molho de tomate
250 g de salmão defumado em tiras
sal
pimenta-do-reino

NA HORA DE SERVIR

1 colher (sopa) de manteiga
cebolinha francesa picada

PORÇÃO 4 pessoas

MODO DE FAZER

ESPAGUETE

Cozinhe o macarrão *al dente* na água com sal e gotas de azeite. Jogue-o imediatamente na água gelada para interromper o cozimento. Escorra a água.

SALMÃO

Tempere o salmão com sal e pimenta-do-reino e coloque-o em um tabuleiro com azeite. Asse durante 6 minutos para ficar rosado por dentro ou 10 minutos para ficar bem passado, em forno a 200°C.

MOLHO

Refogue a cebola, o alho e o alho-poró na panela com azeite. Junte os cogumelos e deixe suar por mais 5 minutos com a panela tampada. Coloque o creme de leite e o requeijão. Deixe reduzir até ficar aveludado e coloque o molho de tomate. Desligue o fogo e coloque o salmão defumado. Deixe tampado por 5 minutos. Tempere com sal e pimenta-do-reino.

SERVIR

Puxe os espaguetes na manteiga. Junte o molho e misture bem. Finalize com cebolinha francesa e mexa mais um pouco. Ponha o macarrão no prato e coloque o salmão cozido por cima.

DICAS

Como o salmão defumado já é um produto salgado, é melhor terminar o molho para provar se ele requer mais sal ou não.
Não deixe o espaguete passar do ponto. Ele vai cozinhar mais na hora de misturar com o molho.

"O molho estará pronto – e aveludado – quando você passar o dedo na colher e não cair nenhuma gota."

nhoque ao gorgonzola

MODO DE FAZER

NHOQUE

Enrole em papel-alumínio as batatas lavadas e asse no forno pré-aquecido a 180°C, até que elas fiquem macias (aproximadamente 40 minutos). Depois, descasque as batatas ainda quentes, faça um purê e misture com todos os outros ingredientes, menos as ervilhas. Enrole e corte o nhoque do tamanho que quiser e marque-os com um garfo. Jogue os nhoques em água fervente. Quando subirem (em 5 minutos), retire-os e coloque-os em água com gelo. Seque-os imediatamente com um pano e frite-os em azeite. Depois, acrescente as ervilhas.

MOLHO

Ferva o creme de leite e o queijo gorgonzola até que derreta. Bata no liquidificador para adquirir uma consistência cremosa. Tempere com sal e pimenta-do-reino.

SERVIR

Numa frigideira antiaderente, puxe os nhoques no azeite até ficarem tostados. Coloque-os em uma travessa, cubra com o molho e complete com queijo parmesão ralado.

DICAS

Não esqueça de incluir a noz-moscada, porque ela dá um sabor especial ao purê de batata.
O nhoque deve ser "bronzeado" no azeite antes de receber o molho.

INGREDIENTES

PARA O NHOQUE
600 g de batata
120 g de farinha de trigo
3 gemas
80 g de queijo parmesão ralado
60 g de queijo muçarela ralado
180 g de ervilhas frescas cozidas
sal a gosto
pimenta-do-reino moída na hora
noz-moscada

PARA O MOLHO
300 ml de creme de leite
200 g de queijo gorgonzola
sal a gosto
pimenta-do-reino moída na hora

NA HORA DE SERVIR
2 colheres (sopa) de azeite
2 colheres de alho picado
2 colheres de salsa picada
minirrúcula
pimenta-do-reino
sal

PORÇÃO 4 pessoas

nhoque ao gorgonzola

canelone de ricota com tomate, azeitonas e manjericão

MODO DE FAZER

CANELONE

Cozinhe as folhas de lasanha em água e sal por 2 a 3 minutos. Retire e jogue imediatamente em água com gelo, para interromper o cozimento. Seque as folhas com a ajuda de um pano de prato. Misture bem a ricota, o creme de leite e a cebolinha. Recheie as folhas de lasanha com a mistura e enrole, formando canelones. Coloque-os em uma forma untada com azeite e deixe descansar na geladeira por 2 horas. Leve ao forno pré-aquecido por 10 minutos a 180°C.

MOLHO

Misture todos os ingredientes.

SERVIR

Disponha os canelones nos pratos e cubra com o molho, tentando não colocar muito azeite. Para servir, salpique parmesão ralado.

DICAS

A massa do canelone precisa estar *al dente* para que possa receber o recheio e não desmanchar depois no forno.

Misture o molho com uma colher bem delicadamente. Não bater.

INGREDIENTES

PARA O CANELONE

6 folhas de massa para lasanha pré-cozida
800 g de ricota fresca
160 ml de creme de leite
2 colheres (sopa) de cebolinha francesa picada
azeite
sal

PARA O MOLHO

4 tomates sem pele e sem sementes cortados em cubos
1 cebola roxa picada
3 dentes de alho picados
16 azeitonas pretas cortadas em lascas
400 ml de azeite extravirgem
suco de 1 limão
pimenta dedo-de-moça picada
manjericão a gosto
coentro fresco e coentro em grão a gosto
pimenta-branca em grão amassada
sal

PORÇÃO 4 pessoas

penne com ragu de pato e goiabada

MODO DE FAZER

PATO

Retire a pele e a gordura do pato. Tempere com sal e pimenta-do-reino. Frite as coxas por inteiro. Reserve. Na mesma frigideira, puxe os legumes no azeite. Faça o *déglacer* com vinho tinto. Coloque a pasta de tomate, o molho de tomate e o bouquet garni. Deixe ferver e junte o pato. Tampe e deixe cozinhar por 2 horas em fogo baixo, acrescentando água se for necessário. Retire o pato, deixe esfriar e desfie. Junte ao molho a pimenta-verde, as azeitonas, as alcaparras e a salsinha. Verifique os temperos.

GOIABADA

Derreta a goiabada com a água no fogo até formar uma pasta.

MASSA

Cozinhe a massa *al dente* em água fervente temperada com sal grosso. Escorra, misture com a manteiga e verifique os temperos. Disponha no prato. Coloque o ragu de pato sobre a massa. Rale queijo parmesão. Regue com uma colher de goiabada e em seguida com azeite. Rale parmesão novamente. Decore com tomilho.

DICAS

O pato deve cozinhar lentamente, sem ferver demais, para ter uma carne macia e suculenta.
Cuidado ao derreter a goiabada para não queimá-la. O gosto de queimado ficará muito evidente depois.

INGREDIENTES

PARA O PATO
- 4 coxas de pato
- 80 g de cebola roxa picada
- 100 g de cenoura ralada
- 2 dentes de alho picados
- 30 g de aipo picado
- ½ pimenta dedo-de-moça picada
- 1 bouquet garni (tomilho, louro e salsa)
- 250 ml de vinho tinto syrah
- 100 g de pasta de tomate
- 220 ml de molho de tomate
- 100 g de azeitonas pretas fatiadas
- 100 g minialcaparras
- pimenta-verde em grão
- salsinha picada
- sal e pimenta-do-reino

PARA A GOIABADA
- 150 g de goiabada
- 2 colheres (sopa) de água

PARA A MASSA
- 400 g de penne
- 1 colher (sopa) de sal grosso
- 2 colheres (sopa) de manteiga
- 4 colheres (sopa) de azeite extravirgem
- queijo parmesão
- tomilho
- sal
- pimenta-do-reino

PORÇÃO 4 pessoas

peixes e crustáceos

atum em crosta de pimenta-branca com maracujá cremoso e espinafre

MODO DE FAZER

ATUM

Aperte o atum com barbante e tempere com sal. Empane com a pimenta-branca amassada somente de um lado. Frite rapidamente no azeite quente dos dois lados (deixar malpassado no centro).

ESPINAFRE

Limpe o espinafre e leve-o para cozinhar rapidamente em água salgada fervente. Retire-o do fogo e coloque na água com gelo para interromper o cozimento. Pressione a verdura com as mãos para retirar todo o líquido. Puxe-a na manteiga *noisette* com o dente de alho preso a um garfo. Tempere com sal e pimenta-do-reino.

MOLHO DE MARACUJÁ

Retire a polpa do maracujá. Ferva-a com mel até que reduza a ¾. Peneire e coloque uma colher (sopa) das sementes de volta nessa redução. Coloque a gema e o azeite e bata como se fosse uma maionese.

SERVIR

Coloque o espinafre no centro do prato. Retire o barbante do atum e disponha-o sobre a verdura. Regue com o molho de maracujá. Decore com um ramo de alecrim.

INGREDIENTES

PARA O ATUM
4 filés de atum (160 g cada)
pimenta-branca amassada
sal

PARA O ESPINAFRE
1 maço de espinafre
1 dente de alho
1 colher (sopa) de manteiga noisette
sal
pimenta-do-reino

PARA O MOLHO DE MARACUJÁ
200 ml de polpa de maracujá com sementes
100 ml de mel
1 gema
200 ml de azeite extravirgem
gotas de água

PORÇÃO 4 pessoas

DICAS

Quando for escolher o maracujá, prefira a fruta que estiver mais "machucada", mais enrugada, porque é mais doce e mais saborosa.
O atum não pode ter cheiro forte e precisa ter a carne firme, indícios de que está fresco.
O atum deve ficar malpassado para guardar toda sua textura macia e saborosa. Um atum cozido demais fica duro e seco.
O fato de cozinhar o espinafre na água salgada e depois dar um banho nele de água gelada faz a hortaliça "guardar" a sua clorofila.
Como a pimenta-branca é forte, empane o atum somente de um lado para que a pimenta não interfira tanto no sabor do peixe.

salmão crisp no papel de arroz com chuchu ao vinagrete

MODO DE FAZER

SALMÃO

Corte o salmão em filés de 150 g. Tempere com sal e pimenta. Passe as folhas de papel de arroz em água quente rapidamente, uma a uma, só para amolecer. Seque as folhas num pano e enrole o filé de salmão dentro do papel de arroz em forma de pacotinho. Frite no azeite até ficar dourado de todos os lados (aproximadamente 4 minutos de cada lado).

CHUCHU

Corte o legume em fatias finas e longas. Ferva em água salgada por 2 minutos. Coloque em água com gelo para interromper o cozimento. Seque bem.

VINAGRETE

Misture todos os ingredientes com uma colher, sem bater.

SERVIR

Distribua as fatias de chuchu no prato. Regue com vinagrete. Disponha o salmão no centro.

DICAS

Para comprar um bom filé de salmão, observe se a carne está bem vermelha, bem firme e se o peixe não tem cheiro forte.
O salmão fica melhor se for pouco cozido e ficar rosado no centro. Ele fica mais macio e saboroso.
A intenção de cozinhar o chuchu por pouco tempo é para que ele fique *al dente*. E o "banho" de água gelada serve também para manter a cor do legume.
É importante misturar o vinagrete bem devagar com uma colher. Bater o vinagrete emulsificaria o azeite.

INGREDIENTES

PARA O SALMÃO
600 g salmão
4 folhas de papel de arroz tailandês
2 colheres de sopa de azeite
sal a gosto
pimenta-do-reino a gosto

PARA O CHUCHU
2 chuchus pequenos

PARA O VINAGRETE
suco de 2 limões-sicilianos
200 ml de azeite extravirgem
2 colheres de mel
1 pimenta dedo-de-moça picada
cebolinha francesa picada
manjericão picado
salsa picada
coentro picado
pimenta em grão amassada
sal a gosto
coentro em grão

PORÇÃO 4 pessoas

vermelho no forno com arroz integral, passas e gengibre

INGREDIENTES

PARA O PEIXE

1 vermelho de 1,8 kg com pele e sem escamas
4 dentes de alho amassados
500 ml de vinho branco chardonnay
200 ml de azeite extravirgem
suco de 3 limões-sicilianos
1 colher (sopa) de coentro em grão
1 colher (sopa) de pimenta-do-reino branca amassada
sal
pimenta-do-reino
alecrim, louro e tomilho

PARA O ARROZ INTEGRAL

200 g de arroz integral
2 cebolas roxas fatiadas
1 colher (sopa) de alho picado
1 colher (sopa) de gengibre picado
2 colheres (sopa) de óleo de gergelim
40 ml de mel
40 ml de molho de soja
50 g de uva-passa preta
pimenta dedo-de-moça picada
sal

NA HORA DE SERVIR

ervas frescas picadas (coentro, manjericão e salsa)
flor de sal

PORÇÃO 4 pessoas

MODO DE FAZER

PEIXE

Faça alguns cortes ao longo do peixe e tempere com sal e pimenta-do-reino moída na hora. Coloque nos cortes o alecrim, o louro, o tomilho e o alho. Coloque o vermelho no tabuleiro com papel-alumínio e regue com azeite. Acrescente o restante dos ingredientes. Cubra com papel-alumínio e asse em forno a 180°C por 45 minutos.

ARROZ INTEGRAL

Cozinhe o arroz integral na água com sal. Puxe, no óleo de gergelim, as cebolas, o alho, a pimenta dedo-de-moça e o gengibre. Acrescente o arroz cozido e deixe tostar bem. Coloque o mel, o molho de soja e a uva-passa para caramelizar. Tempere com sal.

SERVIR

Separe os filés de peixe das espinhas. Retire o molho de cozimento do peixe e verifique os temperos. Acrescente as ervas frescas picadas ao molho. Disponha o arroz no prato fundo. Coloque um pedaço de peixe em cima. Regue com o molho do peixe e coloque um pouquinho de flor de sal. Está pronto para servir.

DICAS

Quando for comprar o vermelho, preste atenção se a guelra está limpa e se os olhos estão com aspecto vivo.

Prefira o arroz cateto integral. E óleo de gergelim, que dá muito mais sabor ao arroz.

O bom limão-siciliano não pode estar nem muito duro, nem muito molenga. Como ele é perfumado, você pode usar até a casca para temperar o peixe.

"Prefira o arroz cateto integral. E óleo de gergelim, que dá muito mais sabor ao arroz."

vermelho no forno com arroz integral, passas e gengibre

pargo com palmito pupunha e castanha-de-caju

INGREDIENTES

PARA O PARGO
4 filés de pargo de 180 g cada (sem escamas)
2 colheres (sopa) de azeite
sal
pimenta-do-reino

PARA O PALMITO
4 palmitos pupunha
4 colheres (sopa) de manteiga
sal e pimenta-do-reino

PARA O MOLHO
200 g de manteiga
suco de 2 limões
60 ml de molho de soja
200 g de castanha-de-caju picada grosseiramente
2 dentes de alho picados
2 colheres (sopa) de uva-passa preta
½ cebola roxa picada
pimenta-branca amassada
coentro picado
sal

PORÇÃO 4 pessoas

MODO DE FAZER

PARGO

Tempere o peixe com sal e pimenta-do-reino. Frite-o no azeite, o lado da pele primeiro, até dourar, e vire para terminar o cozimento.

PALMITO

Tempere os palmitos inteiros com sal e pimenta-do-reino. Coloque uma colher (sopa) cheia de manteiga sobre os palmitos e enrole-os em papel-alumínio. Feche o pacote. Asse em forno a 180°C durante 20 minutos. Vire para cozinhar do outro lado por mais 20 minutos.

MOLHO

Coloque em uma vasilha o suco de limão, o molho de soja, a castanha-de-caju, o alho, a cebola picada e a uva-passa. Tempere com sal e pimenta-branca. Deixe marinar por 1 hora. Coloque a manteiga na frigideira e deixe que fique *noisette* (amarronzada, da cor da avelã). Faça o *déglacer* com a mistura de castanhas. Acrescente o coentro picado.

SERVIR

Retire o palmito do papel-alumínio e corte-o em fatias. Disponha no prato e coloque o peixe por cima. Regue com molho. Finalize com minirrúcula.

DICAS

O palmito pupunha tem de ser bem fresco para não perder a crocância.
Para saber se o palmito está cozido, fure com uma faca o papel-alumínio. Se a faca passar com facilidade, é sinal de que o palmito está no ponto.

tilápia à belle meunière com batata

MODO DE FAZER

TILÁPIA

Tempere o peixe com sal e pimenta-do-reino. Passe os filés na farinha de trigo de um lado só. Frite na manteiga, do lado da farinha primeiro, bem devagar até que fiquem dourados. Vire e frite do outro lado. Retire da frigideira.

MOLHO

Derreta a manteiga na mesma frigideira até ela ficar *noisette* (marrom-clara). Jogue as amêndoas em uma frigideira e deixe tostar. Depois, acrescente a cebola, o alho picado e a pimenta dedo-de-moça. Junte as alcaparras e o suco de limão, e tempere com sal e pimenta-do-reino. Finalize com a salsa picada.

BATATA

Descasque as batatas de modo que elas fiquem com sete faces ovais. Cozinhe em água e sal, até que fique *al dente*.

SERVIR

Coloque o peixe no prato, cubra com o molho e coloque as batatas em volta.

DICAS

Antes de fritar os filés de peixe, bata delicadamente neles para retirar o excesso de farinha de trigo.
Evite queimar.
Lave as alcaparras antes de usar para retirar o excesso de salmoura.

INGREDIENTES

PARA A TILÁPIA

4 filés de tilápia de 180 g cada
2 colheres (sopa) de farinha de trigo
2 colheres (sopa) de manteiga
sal
pimenta-do-reino

PARA O MOLHO

200 g de manteiga
2 colheres (sopa) de cebola picada
1 colher (sopa) de alho picado
suco de 1 limão-siciliano
80 g de amêndoas sem pele
30 g de alcaparras
salsa crespa picada
pimenta dedo-de-moça
sal
pimenta-do-reino moída na hora

PARA A BATATA

8 batatas

PORÇÃO 4 pessoas

pargo em escamas com berinjelas confitadas no mel e molho de tomate agridoce

MODO DE FAZER

PARGO

Depois de cortar os filés, levante as escamas com os dedos para que elas se abram bem na hora de fritar. Tempere o peixe com sal e pimenta-do-reino. Esquente o azeite e frite o peixe do lado da escama até que fique tostado e crocante. Vire, frite do outro lado rapidamente e tempere com flor de sal.

CALDO

Ferva o vinagre, o mel, a pimenta amassada, o sal, o tomilho e o alecrim por 5 minutos.

BERINJELAS

Corte as berinjelas em rodelas de 1 cm e puxe no azeite até ficarem tostadas dos dois lados. Retire o excesso de gordura e tempere. Faça o *déglacer* com um pouco de caldo e deixe ferver por 2 minutos. Guarde.

MOLHO

Puxe no azeite o alho e a cebola. Coloque os tomates em cubo e o urucum. Faça o *déglacer* com 100 ml de caldo e ferva por 5 minutos. Bata no liquidificador e tempere.

SERVIR

Disponha o molho de tomate no centro. Esquente as berinjelas no forno e coloque-as no centro do molho. Ponha o peixe crocante sobre a berinjela. Decore com alecrim e urucum. Coma imediatamente.

DICAS

Escolha um pargo que tiver as escamas bem firmes, porque elas serão ingeridas.
Para retirar os filés, corte a cabeça do peixe e depois siga a espinha e, com a ponta da faca, vá "raspando" o peixe e cortando-o.
Para saber se o tomate está bem maduro, observe se ele tem alguns machucados – neste caso, sinal de boa qualidade.

INGREDIENTES

PARA O PARGO

4 filés de pargo com escamas (180 g cada)
sal
pimenta-do-reino
alecrim
flor de sal

PARA O CALDO

320 ml de vinagre de vinho tinto
150 ml de mel
10 grãos de pimenta-do-reino amassados
tomilho
alecrim

PARA AS BERINJELAS

2 berinjelas grandes (16 rodelas)
200 ml de azeite
sal a gosto

PARA O MOLHO

8 tomates sem pele e sem sementes
1 colher (sopa) de cebola picada
1 dente de alho picado
1 colher (sopa) de urucum
1 colher (sopa) de azeite
sal e pimenta-do-reino a gosto

PORÇÃO 4 pessoas

papillote de salmão com bolinhas de baroa

INGREDIENTES

PARA O LIMÃO CONFIT
2 limões-sicilianos
200 ml de água
2 colheres (sopa) de açúcar

PARA O MOLHO
4 colheres (sopa) de cebola roxa picada
2 dentes de alho picados
200 g de tomates secos cortados em cubos
1 colher (sopa) de gengibre ralado
1 colher (chá) de pimenta dedo-de-moça picada
julienne de limão-siciliano
1 colher (sopa) de mel
1 colher (sopa) de cominho em pó
1 colher (sopa) de coentro em grão
suco de ½ limão-siciliano
150 ml de azeite extravirgem
manjericão e coentro picados
sal

PARA O PAPILLOTE DE SALMÃO
4 filés de salmão (180 g cada)
sal e pimenta-do-reino

MODO DE FAZER

LIMÃO CONFIT

Descasque o limão-siciliano (retire as cascas do limão em fatias bem finas). Depois, corte as cascas em tiras compridas (à julienne). Ferva primeiro apenas com água. Coe e ferva na água com açúcar por 10 minutos.

MOLHO

Em um recipiente coloque a cebola roxa, o alho e o tomate seco picados, o coentro em grão, o cominho em pó e as cascas de limão-siciliano cozidas e também picadas. Adicione o mel, o gengibre, o manjericão, o azeite, o suco de limão-siciliano, o sal e a pimenta dedo-de-moça picada.

PAPILLOTE DE SALMÃO

Tempere os filés de salmão com sal e pimenta-do-reino. Leve-os à frigideira bem quente. Toste rapidamente apenas de um lado e retire-os. Coloque cada um sobre uma folha de papel de churrasco, jogue um pouco de molho em cima, junte e amarre as pontas do papel, como se fosse um presente. Ponha os dois embrulhos em uma travessa e leve ao forno durante 8 minutos, a 180°C (se quiser bem passado, deixe por 12 minutos).

PÂTE À CHOU

Em uma panela, coloque o leite, a água, o sal e a manteiga. Retire do fogo e coloque a farinha. Misture bem e deixe secar no fogo por 5 minutos sem parar de mexer. Retire a massa e coloque-a na batedeira. Enquanto estiver batendo, adicione os ovos, um por vez.

BAROA DAUPHINE

Bata a batata no processador de alimentos até ficar um purê liso. Misture com a *pâte à chou* e tempere. Faça bolinhas com a ajuda de duas colheres e frite em uma panela com ½ litro de azeite e ½ litro de óleo de soja. Deixe dourar lentamente.

SERVIR

Para finalizar, retire os papillotes de salmão do forno e coloque-os ainda embrulhados no prato. Abra o embrulho com a tesoura, ponha os bolinhos ao lado e sirva.

DICAS

Você sabe escolher um bom salmão? Pressione o peixe e se o dedo não afundar na carne é porque ele está fresco.

Servir dentro do embrulho fica mais charmoso.

Fritar a baroa dauphine bem lentamente no óleo para deixá-la dourada, crocante e cozida por dentro.

INGREDIENTES

PARA A PÂTE À CHOU

- 250 ml de leite
- 60 ml de água
- 110 g de manteiga
- 140 g de farinha de trigo
- 3 ovos
- sal

PARA A BAROA DAUPHINE

- 320 g de batata-baroa cozida na água com sal
- 300 g de pâte à chou
- sal, açúcar, páprica

PORÇÃO 4 pessoas

papillote de salmão com bolinhas de baroa

linguado crocante de quinoa com funcho spicy

MODO DE FAZER

AZEITE DE ESPECIARIAS

Coloque o curry, o cominho, o gengibre, o coentro, a páprica, a pimenta-calabresa e o alho numa frigideira. Toste por 2 minutos, tomando cuidado para não queimar. Junte o azeite e bata tudo no liquidificador. Guarde esse azeite por 24 horas antes de usar.

SALADA DE FUNCHO

Limpe o funcho retirando as folhas (guarde-as para a decoração no final). Fatie o funcho. Coloque o azeite de especiarias na frigideira e, quando estiver bem quente, frite o funcho fatiado durante 6 minutos. Tempere com sal e pimenta-do-reino. Adicione as uvas-passas, o mel e o suco de limão. Flambe com Pernod, retire da frigideira, coloque num recipiente e acrescente o coentro, a cebolinha francesa, o manjericão e a salsinha. Deixe marinar por 2 horas.

QUINOA

Cozinhe a quinoa em água salgada durante 20 minutos. Coe e deixe esfriar. Seque bem em um pano.

LINGUADO

Tempere os dois lados do linguado com sal e pimenta-do-reino. Passe a parte de dentro do linguado na farinha de trigo e nos ovos e empane com a quinoa. Aperte bem com a mão para a quinoa colar no peixe. Frite o peixe no lado da quinoa até tostar e vire.

SERVIR

Coloque a salada de funcho no prato e disponha o linguado sobre ela. Decore com folhas de funcho e regue com azeite de especiarias, se necessário.

DICAS

O funcho, que tem cheiro de anis, não pode ficar muito tempo na frigideira para não perder a crocância.
Cuidado na hora de flambar com o Pernod. Não fique muito perto do fogão, porque a chama pode ficar alta.
Prefira empanar o peixe, que já deve ser comprado limpo e cortado em filés, do lado onde estava a espinha.

INGREDIENTES

PARA O AZEITE DE ESPECIARIAS
- 1 colher (sopa) de curry em pó
- 1 colher (sopa) de cominho em pó
- 1 colher (sopa) de coentro em grão
- 1 colher (sopa) de páprica
- 1 colher (sopa) de gengibre em pó
- 1 colher (sopa) de alho picado
- 1 colher (sopa) de pimenta-calabresa
- 500 ml de azeite extravirgem
- sal

PARA A SALADA DE FUNCHO
- 2 funchos (também conhecidos por erva-doce)
- 100 ml de azeite de especiarias com o bagaço
- 100 ml de Pernod
- suco de 1 limão
- 80 g de uva-passa preta
- 2 colheres (sopa) de mel
- salsinha, manjericão, cebolinha francesa e coentro picados
- sal e pimenta-do-reino

PARA A QUINOA
- 100 g de quinoa
- sal

PARA O LINGUADO
- 800 g de filé de linguado (200 g por pessoa)
- 2 colheres (sopa) de farinha de trigo
- 2 ovos ligeiramente batidos
- quinoa cozida
- sal e pimenta-do-reino
- 1 colher (sopa) de azeite

PORÇÃO 4 pessoas

crepe de bacalhau e alho-poró gratinado

INGREDIENTES

PARA O CREPE
½ l de leite
4 ovos
220 g de farinha de trigo
80 g de manteiga
sal

PARA O BACALHAU
800 g de bacalhau dessalgado sem espinhas
2 l de leite
3 folhas de louro
3 ramos de tomilho
3 ramos de alecrim
1 cabeça de alho

PARA O MOLHO BRANCO
160 g de manteiga
160 g de farinha de trigo
2 l de leite do bacalhau
sal
pimenta-do-reino
noz-moscada

PARA O RECHEIO
1 alho-poró picado
½ cebola picada
2 cebolinhas picadas
3 dentes de alho picados
pimenta dedo-de-moça a gosto
1 colher (sopa) de azeite
20 azeitonas pretas picadas
1 paio cortado em cubos

NA HORA DE SERVIR
300 g de queijo suíço ralado

PORÇÃO 4 pessoas

MODO DE FAZER

CREPE

Bata o leite, os ovos e a farinha de trigo no liquidificador. Derreta a manteiga até ficar marrom-clara. Incorpore-a na massa. Unte com manteiga uma frigideira antiaderente quente e coloque um pouco de massa. Deixe tostar de um lado e vire. Retire o crepe pronto (prepare 12 crepes).

BACALHAU

Ponha para ferver todos os ingredientes. Depois, coloque o bacalhau e retire a mistura do fogo. Tampe a panela e deixe descansar por 15 minutos. Retire o bacalhau do líquido e desfie em lascas.

MOLHO BRANCO

Derreta a manteiga e junte a farinha de trigo. Cozinhe por 5 minutos e coloque o leite do bacalhau peneirado. Deixe ferver e mexa sem parar até engrossar. Tempere com sal, pimenta-do-reino e noz-moscada.

RECHEIO

Refogue no azeite o paio, a cebola, a cebolinha, o alho, a pimenta dedo-de-moça e o alho-poró. Junte o bacalhau e deixe secar bem. Verifique os temperos e junte as azeitonas. Acrescente ¼ do molho branco. Misture e deixe esfriar.

SERVIR

Recheie os crepes com o bacalhau e coloque-os num refratário untado com manteiga. Ao restante do molho branco, acrescente ⅔ do queijo suíço ralado. Cubra os crepes com o molho. Salpique o restante do queijo. Coloque no forno a 180°C até gratinar.

DICAS

Prefira um bacalhau bem gordo, para que na hora em que ele for levado para cozinhar possa se desmanchar.
O bacalhau deve ficar de molho na água com gelo por três dias para dessalgar. E a água deve ser trocada com frequência.
Na hora de engrossar o molho branco, mexa sem parar para não grudar no fundo. O gosto de queimado fica muito desagradável.

bobó de camarão

INGREDIENTES

PARA O CALDO DE CAMARÃO

1,5 kg de camarões grandes com cabeça
1 colher (sopa) de azeite extravirgem
1 cebola
2 dentes de alho
1 cenoura
1 talo de aipo
100 ml de vinho branco seco
450 ml de água

PARA O AIPIM

600 g de aipim
sal a gosto

PARA O BOBÓ

Os camarões grandes descascados e cortados em cubos
2 colheres (sopa) de azeite extravirgem
1 cebola picada
1 pimentão verde em cubos
½ maço de coentro
3 tomates sem pele e sem sementes cortados em cubos
1 colher (sopa) de gengibre picado
1 colher (sopa) de nirá picada
½ pimenta dedo-de-moça picada
o caldo de camarão
450 ml de leite de coco
o purê de aipim
50 g de farinha de castanha--de-caju
1 colher (sopa) de azeite de dendê
açúcar e sal a gosto

PORÇÃO 4 pessoas

MODO DE FAZER

CALDO DE CAMARÃO

Descasque os camarões e reserve. Refogue no azeite os legumes cortados em cubos grandes por 5 minutos. Junte as cascas e as cabeças e refogue por mais 10 minutos em fogo alto. Coloque o vinho branco e deixe reduzir. Cubra com a água. Ferva por 30 minutos em pequena ebulição. Coe.

AIPIM

Descasque, lave e corte em pedaços o aipim. Cozinhe em água com sal até ficar macio, utilizando um processador de alimentos. Retire-o da água e faça um purê.

BOBÓ

Tempere o camarão com sal e pimenta-do-reino. Puxe em 2 colheres de azeite. Retire-o da panela e reserve. Na mesma panela, refogue as cebolas, o pimentão e a pimenta dedo-de-moça durante 3 minutos. Acrescente o tomate, o gengibre, o coentro e o nirá e refogue por mais 3 minutos. Junte o caldo de camarões e reduza à metade. Acrescente 250 ml de leite de coco e ferva por mais 3 minutos. Coloque o purê de aipim e cozinhe por 5 minutos sem parar de mexer até engrossar. Coloque o restante do leite de coco, a farinha de castanha-de-caju e cozinhe por mais 5 minutos. Verifique os temperos (veja se faltam açúcar e sal). Junte os camarões guardados, ferva e desligue o fogo. Finalize com azeite de dendê. Sirva com arroz branco.

DICAS

Jogue um copo de água gelada no aipim para interromper o cozimento, assim ele ficará mais macio.
Se o aipim esfriar, você não conseguirá fazer um purê facilmente.
A cabeça do camarão deve estar bem firme e não pode ter nenhuma marca preta, sinais de que o crustáceo está fresco.
Muita dificuldade em retirar a casca? Comemore. Esse é outro indício de que o camarão está em boas condições de preparo.

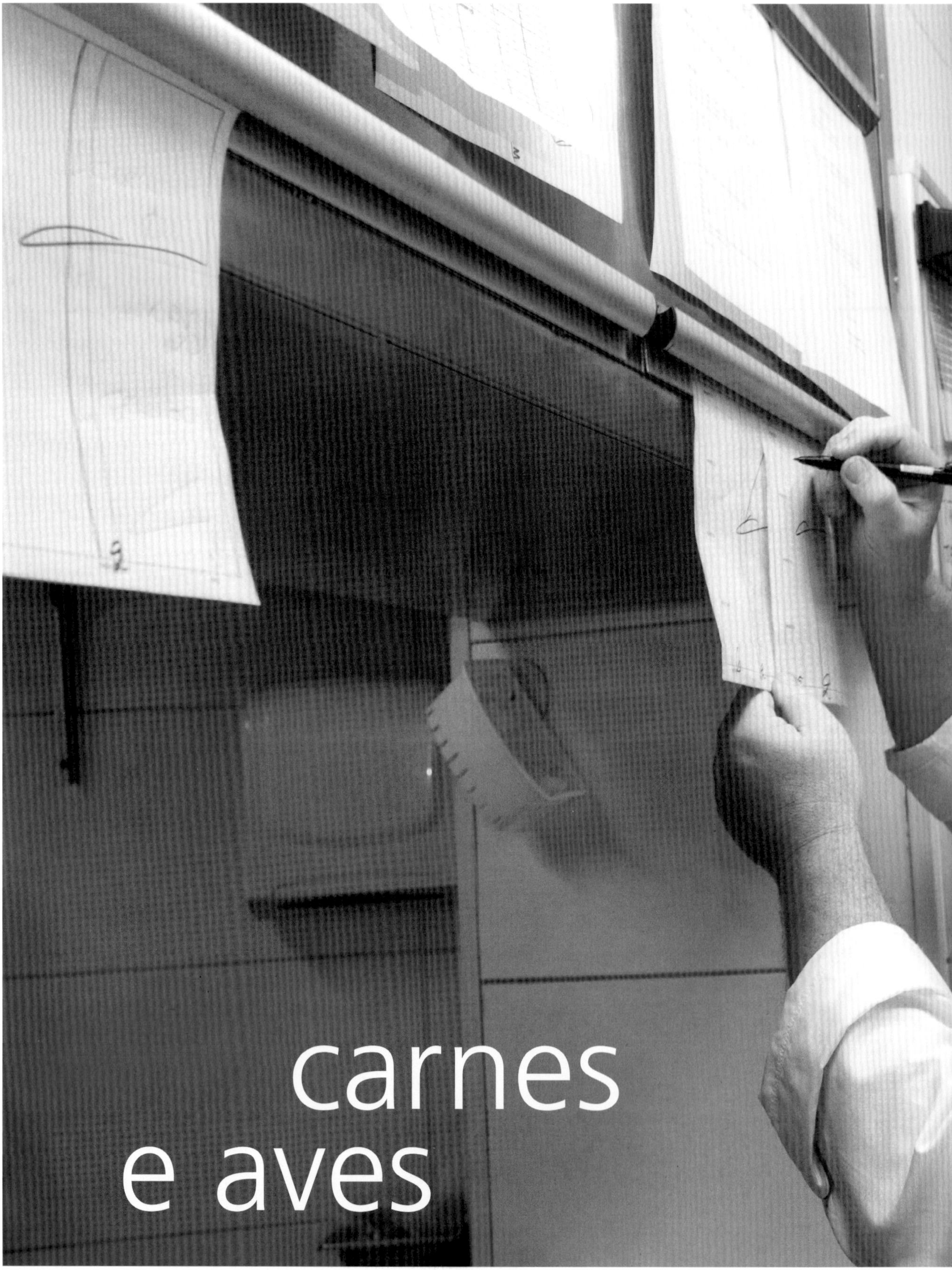

carnes e aves

carbonade flamande com chips de batata-doce

MODO DE FAZER

CARBONADE

Em uma panela aquecida, frite um pouco o toucinho. Depois, coloque a carne cortada em cubos, já temperada com sal e pimenta-do-reino. Mexa, frite e retire a carne na panela. Coloque a manteiga na panela e junte a cebola e o alho, deixe suar e secar. Acrescente a pimenta dedo-de-moça, o cravo-da-índia, o açúcar mascavo e o bouquet garni. Por último, coloque a farinha de trigo. Depois, devolva a carne à panela. Mexa e adicione a cerveja até cobrir a carne. Tampe e deixe cozinhando em fogo baixo por 3 horas.

CHIPS DE BATATA-DOCE

Fatie as batatas o mais fino que puder no fatiador de alimentos. Coloque as fatias em um recipiente com água e gelo por 20 minutos. Seque as batatas em um pano, enrole as fatias e prenda cada uma delas com um palito. Frite-as em óleo e azeite. Seque num papel absorvente para retirar o excesso de gordura. Tempere com sal e páprica.

SERVIR

Para finalizar, quando a carne estiver pronta, verifique o tempero e ponha um pouco de mostarda, mexa e desligue o fogo. Coloque a carbonade num prato fundo, disponha as batatas em volta e decore com salsinha.

DICAS

As cervejas Golden e Dunkel dão um balanço entre o amargo e o sabor suave.

A batata-doce deve ser cortada na espessura de uma folha de papel.

Não esqueça de retirar o palito na hora em que for servir a batata-doce.

Guarde a batata em lugar seco até a hora de servir, para ela não perder a crocância.

INGREDIENTES

PARA A CARBONADE

1,3 kg de alcatra cortada em cubos
1 colher (sopa) de manteiga
2 a 3 cebolas fatiadas
4 dentes de alho fatiados
100 g de toucinho defumado em cubos
pimenta dedo-de-moça picada
2 colheres (sopa) de açúcar mascavo
1 colher (sopa) de farinha de trigo
4 cravos-da-índia
1 bouquet garni (tomilho, louro e salsa)
300 ml de cerveja Golden
300 ml de cerveja Dunkel
sal
pimenta-do-reino

PARA OS CHIPS DE BATATA-DOCE

2 batatas-doces grandes
500 ml de azeite extravirgem
500 ml de óleo de soja
sal
páprica

NA HORA DE SERVIR

1 colher (sopa) de mostarda Dijon
salsinha a gosto

PORÇÃO 4 pessoas

boeuf bourguignon com chocolate amargo

MODO DE FAZER

CARNE

Tempere a carne com sal e pimenta. Em uma frigideira, deixe o toucinho dourar um pouco. Junte a carne e deixe dourar. Coloque a farinha de trigo e mexa bem. Coloque tudo na panela de pressão. Na mesma frigideira, acrescente os legumes, deixe que percam um pouco de água e flambe com a cachaça. Coloque o vinho tinto, o tomate concentrado, a pimenta-do-reino, o cravo-da-índia e o bouquet garni. Deixe ferver e coloque tudo na panela de pressão. Cozinhe com a panela fechada, em fogo baixo, por 25 minutos. Depois, passe tudo para uma panela de ferro e deixe cozinhar por mais 25 minutos em fogo baixo tampado.

LEGUMES

Numa frigideira larga, deixe o bacon dourar um pouco, depois coloque as cebolas e os cogumelos. Deixe tostar. Junte os rigatonis e a ervilha, tempere com sal e pimento-do-reino.

SERVIR

Adicione o chocolate e o creme de leite à carne. Retire do fogo e misture bem. Verifique os temperos. Coloque a carne no prato fundo, disponha os legumes em cima e decore com salsa crespa.

DICAS

A farinha de trigo dá liga ao molho, ½ colher (sopa) é suficiente.

Na hora de comprar cogumelos Paris, escolha aqueles bem brancos, sem nenhuma marca. Corte-os em dois ou em quarto partes, dependendo do tamanho

Depois colocar o chocolate e o creme de leite na carne, não deixe ferver mais. Se ferver, o chocolate vai talhar.

INGREDIENTES

PARA A CARNE

- 1,3 kg de cupim cortado em cubos de 2 × 2 cm
- 750 ml de vinho tinto Pinot Noir
- 2 colheres (sopa) de cebola picada
- 2 colheres (sopa) de cenoura em cubos
- 2 dentes de alho
- 1 colher (sopa) de farinha de trigo
- 1 colher (sopa) de tomate concentrado
- 2 cravos-da-índia
- 10 grãos de pimenta-do-reino amassada
- 200 g de toucinho cortado em cubos
- 100 ml de cachaça
- 1 bouquet garni (tomilho, louro e salsa)
- 2 colheres (sopa) de chocolate amargo em barra derretido em banho-maria
- 50 ml de creme de leite fresco
- sal
- pimenta-do-reino

PARA OS LEGUMES

- 250 g de bacon cortado em cubos
- 300 g de cogumelos Paris frescos, cortados em quatro
- 250 g de cebola miúda cortada ao meio
- 100 g de ervilha congelada (petit pois)
- 300 g de rigatoni cozido *al dente* e cortado ao meio
- sal
- pimenta-do-reino

PORÇÃO 4 pessoas

arroz de frango à moda chinesa

INGREDIENTES

PARA O ARROZ
300 g de arroz
1 cebola picada
sal a gosto
400 ml de água fervente

PARA A MARINADA
1 frango inteiro
4 colheres (sopa) de molho de soja
2 colheres (sopa) de gengibre ralado
2 colheres (sopa) de alho picado
1 ½ colher (sopa) de azeite
2 colheres (sopa) de coentro picado
1 colher (sopa) de pimenta dedo-de-moça picada

PARA O PEPINO
2 pepinos
2 colheres (sopa) de sal grosso

PARA OS CAMARÕES
20 camarões médios
400 g de abacaxi descascado e cortado em cubos grandes
2 pimentões verdes cortados em cubos
1 ½ cebola cortada em cubos
2 colheres (sopa) de molho de ostras
150 g de castanha-de-caju picada
suco de 1 limão
salsa crespa picada
pimenta-do-reino moída na hora
azeite e sal a gosto

PORÇÃO 4 pessoas

MODO DE FAZER

ARROZ

Em uma panela, coloque um fio de azeite e refogue a cebola. Lave o arroz, coloque na panela com a cebola, tempere com sal e misture. Acrescente a água fervente, tampe a panela e cozinhe em fogo baixo por, aproximadamente, 15 minutos, ou até que a água seque.

MARINADA

Desosse o frango separando coxas e peito, e corte em cubos grandes. Em um recipiente, coloque o molho de soja, o gengibre, o alho, o azeite, o coentro e a pimenta dedo-de-moça. Acrescente os cubos de frango e deixe marinar por 30 minutos.

PEPINO

Descasque os pepinos, corte ao meio e retire as sementes. Corte-os em cubos de aproximadamente 2 cm. Coloque-os em um recipiente, acrescente o sal grosso e misture bem. Deixe descansar por 10 minutos. Depois, lave bem com água e escorra.

CAMARÕES

Deixe esquentar bem uma panela oriental (wok) e coloque um fio de azeite. Refogue o pimentão e a cebola até dourar. Acrescente o pepino e deixe caramelizar. Junte o abacaxi e refogue até secar. Retire os ingredientes da panela e reserve. Aqueça a mesma panela novamente e jogue mais um fio de azeite. Seque o frango marinado num pano e jogue na frigideira bem quente. Frite e doure bem. Junte os camarões sem casca e frite mais. Coloque o arroz cozido e refogue. Junte o caldo da marinada e o molho de ostras e deixe reduzir por mais 3 a 4 minutos. Acrescente o pepino, o abacaxi, o pimentão, a cebola e a castanha-de-caju. Tempere com sal e pimenta.

SERVIR

Acrescente o suco de limão no arroz de frango. Decore o arroz com salsa picada e sirva na frigideira wok.

> "Em vez do pinoli, pode-se usar castanha-do-pará ou castanha-de-caju para fazer o pesto."

costeletas de cordeiro caprese

MODO DE FAZER

PESTO

Bata todos os ingredientes no liquidificador com uma colher de azeite. Retire do liquidificador e misture o resto do azeite sem bater.

CORDEIRO

Tempere o cordeiro com sal e pimenta-do-reino e leve-o à frigideira. Deixe fritar todos os lados da carne para ganhar cor. Depois, coloque-a no forno a 200°C por 12 minutos em uma assadeira com o alho e as ervas. Retire do fogo e deixe descansar por alguns minutos. Corte a carne em costeletas (4 por peça de carne) e tempere-as novamente. Coloque sobre cada uma delas uma colher (café) de pesto, o tomate seco, a muçarela de búfala e o pão de forma ralado. Deixe gratinar em forno quente.

VINAGRETE

Misture tudo.

SERVIR

Tempere folhas de alface frisée previamente lavadas com sal, pimenta-do-reino, pesto e vinagrete de mostarda em grão. Disponha a alface no prato. Sobre a alface, coloque as costeletas, que vão receber mais uma colher (café) de pesto.

DICAS

Não é preciso usar a faca para descascar o alho. Basta bater com a mão fechada sobre a cabeça do alho para que os dentes se soltem e sejam facilmente descascados.

Em vez do pinoli, pode-se usar castanha-do-pará ou castanha-de-caju para fazer o pesto.

O cordeiro precisa estar frio para que possa ser cortado em costeletas. Para ter costeletas altas e grossas, fatiar o carré de duas em duas costeletas (4 por carré).

INGREDIENTES

PARA O PESTO

100 g de pinoli tostado
2 dentes de alho picados
50 g de parmesão ralado
50 g de folhas de manjericão
200 ml de azeite extravirgem
1 pimenta dedo-de-moça picada
sal e pimenta-do-reino a gosto

PARA O CORDEIRO

2 carrés de cordeiro com 8 costeletas
8 fatias de muçarela de búfala
100 gramas pão de forma ralado
O pesto
8 tomates secos reidratados
8 dentes de alho com casca
1 punhado de tomilho e alecrim
sal e pimenta-do-reino a gosto

NA HORA DE SERVIR

alface frisée
vinagrete de mostarda em grão
sal e pimenta-do-reino

PARA O VINAGRETE

1 colher (sopa) de mostarda em grão
1 colher (café) de vinagre balsâmico
150 ml de azeite extravirgem
sal
pimenta-do-reino

PORÇÃO 4 pessoas

costeletas de cordeiro caprese

filé-mignon em roupa de acelga com purê de batata e molho chimichurri

MODO DE FAZER

FILÉ-MIGNON

Ferva as folhas de acelga na água salgada durante 1 minuto. Retire e coloque-as na água com gelo. Abra as folhas uma ao lado da outra, em cima de um pano. Tempere o filé com sal e pimenta-do-reino. Toste-o no azeite (de todos os lados). Deixe esfriar e enrole na acelga e depois no papel filme apertando bem. Amarre as pontas com barbante. Guarde-o na geladeira por, no mínimo, 1 hora.

PURÊ DE BATATA

Enrole as batatas no papel-alumínio. Asse-as no forno a 180°C, por 45 minutos a 1 hora. Descasque-as e coloque-as, ainda quentes, no processador de alimentos. Bata com o creme de leite fervente e acrescente a manteiga pouco a pouco. Tempere.

MOLHO CHIMICHURRI

Misture todos os ingredientes, menos as ervas. Deixe marinar por 15 minutos. Bata tudo no liquidificador com as ervas. Tempere.

SERVIR

Retire o papel filme do filé e coloque-o num tabuleiro com azeite e manteiga. Asse no forno a 200°C, durante 15 a 20 minutos, regando sempre com o próprio caldo. Retire a carne do tabuleiro e corte em 4 fatias grossas. Coloque a carne no prato. Regue com o molho e disponha o purê de batata ao lado. Decore com cebolinha francesa.

DICAS

Retire a parte mais dura (branca) da acelga; enrole a carne usando somente a folha.
Depois de colocado o papel filme, comprima bem a peça para que a acelga tenha boa aderência ao filé.
Quando for colocar a carne no forno, exagere nas bolinhas de manteiga sobre a acelga para deixar o filé ainda mais saboroso.
Para fazer o purê, use a batata ainda quente e o creme de leite fervente – a manteiga, ao contrário, deve estar fria.

INGREDIENTES

PARA O FILÉ-MIGNON
800 g de filé-mignon já limpo
12 folhas de acelga verde-clara
2 colheres (sopa) de azeite
sal e pimenta-do-reino

PARA O PURÊ DE BATATA
800 g de batata com pele
200 a 250 ml de creme de leite fresco fervente
250 g de manteiga
sal e pimenta-do-reino
noz-moscada

PARA O MOLHO CHIMICHURRI
20 g de pimenta dedo-de-moça picada
80 g de pimentão verde picado
80 g de cebola picada
20 g de alho picado
80 ml de vinagre de vinho branco
150 ml de azeite extravirgem
1 colher (sopa) de orégano
sal, açúcar
salsinha, coentro, cebolinha francesa, hortelã, manjericão

NA HORA DE SERVIR
2 colheres (sopa) de manteiga
2 colheres (sopa) de azeite
cebolinha francesa

PORÇÃO 4 pessoas

paleta de cordeiro com cuscuz marroquino

INGREDIENTES

PARA A MISTURA DE ESPECIARIAS

2 colheres (sopa) de gengibre em pó
1 colher (sopa) de canela em pó
2 colheres (sopa) de cominho em pó
2 colheres (sopa) de páprica picante
suco de ½ limão-siciliano
2 colheres (sopa) de vinagre de vinho tinto
1 colher (sopa) de alho picado
2 colheres (sopa) de cebola picada
100 ml de azeite extravirgem
1 colher (sopa) de mel
sal

PARA O CORDEIRO

1 paleta de cordeiro de aproximadamente 1,3 kg
água fervente
sal
pimenta-do-reino moída na hora

MODO DE FAZER

MISTURA DE ESPECIARIAS

Junte todos os ingredientes em um recipiente.

CORDEIRO

Coloque a paleta de cordeiro em um tabuleiro e faça furos na carne com a ponta de uma faca. Coloque a mistura de especiarias sobre o cordeiro, cubra o tabuleiro com uma folha de papel-alumínio e deixe marinar na geladeira por 4 horas. Depois desse período, retire o papel-alumínio, jogue duas conchas de água fervente e leve ao forno para assar a 170°C por 2 h e 30 min a 3 horas. De tempos em tempos, abra o forno e jogue uma concha de água fervendo sobre o cordeiro, para que ele não resseque. Após o cozimento, deixe esfriar e fatie. Coloque as fatias em outro recipiente.

MOLHO

Pegue o tabuleiro utilizado para assar o cordeiro e, com a ajuda de uma colher, retire o excesso de gordura do molho que ficou. Coloque as passas e jogue sobre elas uma concha de água fervente. Disponha as fatias de cordeiro lado a lado no tabuleiro, misture com o molho e jogue o coentro e a hortelã picados. Verifique o tempero.

CUSCUZ MARROQUINO

Jogue a água fervente sobre o cuscuz, concha por concha. Misture com um garfo até ficar cozido. Coloque a manteiga e tempere, depois ponha em uma forma e aperte bem.

SERVIR

Desenforme o cuscuz no prato. Disponha as fatias do cordeiro com molho em volta. Coloque as amêndoas tostadas e decore com hortelã.

DICAS

Os furinhos feitos com a ponta da faca ajudam o tempero a penetrar na carne. E o limão-siciliano, mais ácido, é uma boa via para que as especiarias deem sabor ao cordeiro.

PARA O MOLHO
100 g de uva-passa preta
hortelã picada
coentro picado
água fervente
sal
pimenta-do-reino moída na hora

PARA O CUSCUZ MARROQUINO
200 g de cuscuz
4 colheres (sopa) de manteiga
3 conchas de água fervente levemente salgada
sal
pimenta-do-reino moída na hora

NA HORA DE SERVIR
40 g de amêndoas tostadas
hortelã a gosto

PORÇÃO 4 pessoas

paleta de cordeiro com cuscuz marroquino

prime rib grelhado com spatzle

MODO DE FAZER

MIX DE SAL E PRIME RIB

Em um recipiente com sal grosso, adicione a pimenta-do-reino branca e a preta amassadas, a pimenta-malagueta, o orégano, o açúcar, a noz-moscada ralada, o alecrim e o tomilho picados. Jogue a mistura de sal e ervas sobre as costelas e deixe marinar por 10 minutos. Retire o excesso de sal e coloque-as em uma frigideira bem quente. Toste dos dois lados. Retire as costelas e, na mesma frigideira, ponha a cebola roxa cortada em fatias e o alho. Adicione alecrim, tomilho e 1 colher (sopa) de manteiga. Volte com a carne à panela, tampe e leve ao forno por 10 minutos (malpassada), 15 (ao ponto), 20 (bem passada).

SPAZTLE

Ponha a farinha, os ovos, o sal, o creme de leite e a salsinha em uma tigela. Mexa para misturar até chegar a uma massa lisa. Deixe descansar por 20 minutos na geladeira. Coloque, pouco a pouco, a massa que estava descansando em uma colher furada e, com a ajuda de outra colher, empurre a massa para que saia por esses furinhos, dentro da água fervente com sal. Deixe que cozinhe nessa água por 2 a 3 minutos. Depois, retire os spatzles e coloque-os em um recipiente com água e gelo para parar o cozimento. Repita o procedimento até acabar a massa. Retire os spatzles do gelo, seque-os com um pano e despeje-os em uma frigideira com manteiga. Deixe que fiquem crocantes por fora e macios por dentro.

SERVIR

Corte a carne em fatias e disponha-as no prato. Coloque o molho sobre elas, os spatzles ao lado e sirva.

DICAS

A pimenta preta é mais adocicada e a branca tem sabor mais forte. Por isso, vão bem juntas.

Quando for escolher as costeletas, prefira as que tiverem veios de gordura misturados à carne, porque eles são um sinal de qualidade.

O sal grosso precisa ser bem dosado para temperar a carne, caso contrário poderá se transformar em salmoura.

Nunca se deve picar a carne com o garfo enquanto ela estiver na frigideira, porque esse hábito faz a carne perder a maciez e o sabor.

INGREDIENTES

PARA O MIX DE SAL

- 400 g de sal grosso
- 30 g de pimenta-do-reino branca em grãos
- 30 g de pimenta-do-reino preta em grãos
- 10 g de alecrim picado
- 10 g de tomilho picado
- 8 dentes de alho
- 5 g de pimenta-malagueta
- 5 g de orégano
- noz-moscada ralada a gosto
- 15 g de açúcar

PARA O PRIME RIB

- 2 costelas de boi de 750 g com osso
- 2 colheres (sopa) de azeite
- 2 cebolas roxas pequenas fatiadas
- 2 dentes de alho
- ramos de alecrim e tomilho a gosto
- 1 colher (sopa) de manteiga

PARA O SPATZLE

- 6 ovos
- 400 g de farinha de trigo
- 200 ml de creme de leite
- 2 colheres (sopa) de manteiga
- 1colher (sopa) de azeite
- sal, pimenta-do-reino
- salsinha picada

PORÇÃO 4 pessoas

peito de frango crocante com creme de shitake

INGREDIENTES

PARA O FRANGO
4 peitos de frango
2 ovos
3 colheres (sopa) de farinha de trigo
8 fatias de pão de forma cortadas em cubos
80 g de azeite

sal, pimenta-do-reino

PARA O CREME DE SHITAKE
2 colheres (sopa) de manteiga
2 colheres (sopa) de azeite
2 colheres (sopa) de cebola picada
2 colheres (sobremesa) de alho picado
1 kg de shitake
80 ml de vinho branco
200 ml de creme de leite
sal, pimenta-do-reino
cebolinha francesa

PORÇÃO 4 pessoas

MODO DE FAZER

FRANGO

Retire a pele do peito de frango e tempere. Passe o frango somente de um lado na farinha de trigo, no ovo e nos cubos de pão. Pressione bem com as mãos. Frite, no azeite, primeiro do lado empanado, depois vire. Termine o cozimento no forno a 180°C por 10 a 15 minutos.

CREME DE SHITAKE

Fatie o shitake. Coloque a cebola e o alho picados em uma frigideira com manteiga e azeite e frite até suar. Acrescente os shitakes e deixe cozinhar até suar. Faça o *déglacer* (a diluição do caldo) com vinho branco e deixe reduzir. Acrescente o creme de leite e deixe ferver. Tempere. Finalize com cebolinha francesa picada.

SERVIR

Coloque o creme de shitake no prato. Disponha o frango sobre ele. Decore com alecrim.

DICAS

Quando for fatiar o shitake, não esqueça de retirar e desprezar o cabinho, porque é geralmente duro.
Deixe a cebola "suar" na frigideira – ela ficará mais macia e perderá um pouco de sua acidez e amargor.
O vinho branco ajuda a dar acidez e sabor ao molho, mas cuidado com a quantidade; não exagere.
Cuidado para não fritar o pão. Ele queima facilmente.

rabada desfiada com polenta de agrião

INGREDIENTES

PARA A RABADA

- 1,5 kg de rabada de vaca
- 1 cebola grande picada
- 2 colheres (sopa) de alho picado
- 3 tomates pelados e cortados em cubos
- ½ pimenta dedo-de-moça picada
- 400 ml de vinho tinto Syrah
- 200 ml de água
- 4 cravos-da-índia
- 1 bouquet garni (tomilho, louro e salsa)
- sal e pimenta-do-reino
- salsinha picada

PARA A POLENTA DE AGRIÃO

- 400 ml de água ou caldo de frango
- 120 g de polenta
- 60 ml de creme de leite
- 2 colheres (sopa) de manteiga
- 50 g de parmesão ralado
- folhas de agrião picadas
- sal e pimenta-do-reino

PORÇÃO 4 pessoas

MODO DE FAZER

RABADA

Tempere a rabada com sal e pimenta-do-reino e sele em azeite de todos os lados. Junte a cebola, o alho, o tomate e a pimenta dedo-de-moça. Faça o *déglacer* com vinho tinto e junte o restante dos ingredientes. Coloque tudo para cozinhar em uma panela de pressão por 50 minutos em fogo baixo. Retire a rabada do molho, espere esfriar um pouco e desfie a carne com o garfo. Coloque a rabada desfiada de volta ao molho e tempere. Se necessário, reduza o molho pela metade para ele pegar mais corpo e sabor.

POLENTA DE AGRIÃO

Ferva a água ou o caldo de frango, coloque a polenta na panela e deixe cozinhar até dar o ponto. Junte o parmesão, o creme de leite e a manteiga. Tempere e coloque o agrião picado.

SERVIR

Coloque a polenta no prato e deixe um espaço no meio para colocar a rabada. Decore com folhas de agrião.

DICAS

É importante selar a carne para manter sua maciez e suculência. No momento de desfiar, é melhor que a rabada esteja fria.

BOEUF BOURGUIGNON
CHOCOLATE AMARGO

Atelier Troisgros
João Batista

sobremesas

morango amado

INGREDIENTES

PARA A MASSA

120 g de manteiga em temperatura ambiente
100 g de açúcar de confeiteiro
1 ovo ligeiramente batido
270 g de farinha de trigo peneirada
30 g de amêndoa triturada e peneirada
1 pitada de sal

PARA O MORANGO

300 g de morangos cortados ao meio
100 g de uva-passa preta
2 colheres (sopa) de açúcar
1 colher (sopa) de manteiga
1 colher (sopa) de cachaça
2 colheres (sopa) de licor de cassis

NA HORA DE SERVIR

sorvete de creme
açúcar de confeiteiro

PORÇÃO 4 pessoas

MODO DE FAZER

MASSA

Com as mãos, misture a farinha e a manteiga. Junte as amêndoas, o açúcar de confeiteiro e o sal e continue mexendo. Junte o ovo e mexa até dar liga. Guarde na geladeira por, no mínimo, 30 minutos. Abra a massa com 1 cm de espessura e corte em formato de coração, depois asse em forno a 180°C, até ficar dourada (15 minutos).

MORANGO

Puxe os morangos na manteiga durante 5 minutos, sem fritar. Coloque as passas e o açúcar para caramelizar. Flambe com a cachaça e coloque o licor de cassis. Ferva até engrossar.

SERVIR

Coloque os morangos no fundo do prato, acrescente sorvete de creme e cubra com a massa em forma de coração. Finalize com açúcar de confeiteiro.

DICAS

Como a massa é frágil, cuidado na hora de abrir com o rolo. Na saída do forno, espere esfriar antes de manuseá-la.
A manteiga serve para dar uma ligeira refogada nos morangos, para que depois possam ser caramelizados e flambados.

“Misture os ingredientes da massa com as mãos até que fiquem em ponto de ‘areia’.”

torta de limão com merengue

MODO DE FAZER

MASSA

Triture bem o biscoito e misture com os outros ingredientes. Unte a forma com manteiga e coloque a massa de biscoito. Aperte bem. Asse até dourar (10 a 15 minutos a 180°C).

CREME DE LIMÃO

Misture todos os ingredientes. Coloque-os na torta pré-assada. Asse a 100°C por 1 h 10 min. Retire e coloque na geladeira por 45 minutos.

SUSPIRO

Ponha as claras, o açúcar de confeiteiro e o açúcar em um recipiente e deixe esquentar ligeiramente no fogo. Bata na batedeira até esfriar. Adicione as raspas de limão. Coloque o suspiro sobre a torta com a ajuda de um saco de confeiteiro. Polvilhe o açúcar de confeiteiro e leve ao forno quente até ficar bronzeado (cerca de 10 minutos).

SERVIR

Rale cascas de limão taiti e de limão-siciliano no prato e sirva.

DICAS

Forre a forma com fundo falso pelo lado de fora com papel-alumínio para dar suporte à massa.
Quando estiver batendo as claras com o açúcar de confeiteiro e o açúcar no fogo, preste atenção para que as claras não cozinhem.
Para ter certeza de que o creme de limão está cozido, fure-o com uma faca – se ela sair limpa, o creme estará pronto.
Esta torta pode ser guardada na geladeira para ser servida no dia seguinte.

INGREDIENTES

PARA A MASSA
1 pacote de biscoito maisena
100 g de manteiga
75 g de farinha de trigo
1 pitada de sal

PARA O CREME DE LIMÃO
240 g de açúcar
200 ml de creme de leite fresco
6 ovos
suco de 3 limões-sicilianos

PARA O SUSPIRO
4 claras de ovo peneiradas
175 g de açúcar de confeiteiro
175 g de açúcar
raspas de limão-siciliano

PORÇÃO 4 pessoas

torta de limão com merengue

petit gateau

MODO DE FAZER

PETIT GATEAU

Derreta o chocolate e a manteiga em banho-maria. Em outro recipiente, bata os ovos, as gemas e o açúcar até formar uma massa cremosa. Misture o chocolate derretido. Vá peneirando a farinha de trigo e acrescente-a bem devagar à massa junto com as castanhas e o chocolate em pó. Coloque-a em formas untadas com manteiga e farinha de trigo. Bata para tirar o excesso de farinha. Asse em forno pré-aquecido por 8 minutos a 200°C.

CALDA DE CHOCOLATE

Em banho maria, derreta o chocolate no creme de leite. Acrescente a manteiga aos poucos.

SERVIR

Desenforme o petit gateau no prato – ele deve estar cremoso por dentro. Coloque junto uma bola de sorvete. Regue tudo com a calda de chocolate. Decore com a folha de hortelã e polvilhe açúcar de confeiteiro.

DICAS

A farinha de trigo peneirada torna a massa mais aerada, mais leve.
Colocar um pouquinho de farinha impede que a massa grude na forma.
Respeite o tempo de cozimento e a temperatura do forno para ter um petit gateau cremoso por dentro.

INGREDIENTES

PARA O PETIT GATEAU

- 150 g de chocolate em barra meio amargo
- 125 g de manteiga
- 3 ovos
- 3 gemas
- 125 g de açúcar de confeiteiro
- 100 g de farinha de trigo
- 80 g de castanha-do-pará moída
- 1 colher (sopa) de chocolate em pó

PARA A CALDA DE CHOCOLATE

- 200 g de chocolate em pó meio amargo
- 80 ml de creme de leite fresco
- 40 g de manteiga

NA HORA DE SERVIR

- 4 bolas de sorvete de creme
- 4 folhas de hortelã
- açúcar de confeiteiro

PORÇÃO 4 pessoas

“Passe a faca de modo circular para que o suflê não grude na borda do pote.”

suflê de goiabada com requeijão

MODO DE FAZER

GOIABADA

Derreta a goiabada na água e deixe ferver bem.

CARAMELO

Coloque o açúcar e a água em uma panela e aqueça até que vire um caramelo marrom-claro. Junte-o à goiabada derretida e deixe ferver bem.

SUFLÊ

Bata as 6 claras com uma pitada de sal. Quando ficar branca, acrescente 30 g de açúcar e continue batendo até ficar em neve. Coloque o caramelo de goiabada quente dentro das claras batidas. Misture rapidamente. Unte os potinhos com manteiga e açúcar. Bata para retirar o excesso de açúcar. Decore com fatias de goiaba fresca. Polvilhe açúcar de confeiteiro. Asse por 15 minutos em forno a 180°C. Sirva imediatamente com requeijão cremoso em um potinho do lado.

DICAS

Não deixe as claras batidas paradas na batedeira. Assim que elas estiverem no ponto certo, use-as imediatamente.

Coma o suflê assim que ele sair do forno. Se esfriar, ele murcha.

INGREDIENTES

PARA A GOIABADA

200 ml de água
300 g de goiabada cascão em cubinhos

PARA O CARAMELO

250 g de açúcar
gotas de água

PARA O SUFLÊ

6 claras
sal
30 g de açúcar
2 goiabas frescas maduras
açúcar de confeiteiro

PORÇÃO 4 pessoas

suflê de goiabada com requeijão

dicas

1. O arroz precisa ter uma quantidade de água certa para não ficar nem seco nem empapado. Para cozinhar o arroz basmati, grão mais claro e de sabor apaixonante, você deve usar uma xícara e meia de água quente para cada xícara de arroz. Isso porque o arroz basmati cozinha um pouco mais rapidamente que o arroz comum. Então, é só tampar a panela e deixar cozinhar de 10 a 15 minutos em fogo baixo. Depois, desligue o fogo e deixe tampado até servir.

2. Como retirar a casca de um lagostim? Com cuidado, retire a cabeça do crustáceo. Depois, quebre a casca do rabo que ainda restou e puxe a carne.

3. Há um ponto certo para o preparo de vieiras. Elas não precisam de muito cozimento. O ideal é que estejam um pouquinho cruas por dentro, até porque da cozinha à mesa continuam no processo de cozimento. E se estiverem cozidas demais se tornam secas e borrachudas.

4. Para descascar o alho com facilidade, basta pressionar a faca sobre um dente e retirar a casca.

5. Gosta de ovo pochê, mas sempre erra a mão? Quebre o ovo e coloque-o em uma panela com água quase fervente e uma gota de vinagre. Deixe-o cozinhar por 4 minutos sem ferver, retire-o e coloque-o em água bem gelada.

6. Tem receio de que a carne do polvo fique endurecida e borrachuda? Veja este truque: limpe o polvo, coloque-o em uma travessa pequena com sal grosso, por 10 minutos. O sal grosso ajuda a quebrar as fibras do polvo. Mas não deixe mais que esse pequeno período para não desidratar demais o polvo. Depois, lave bem e prepare a seu gosto.

7. Para saber o ponto de um molho cremoso, basta passar uma colher no creme: se o molho não estiver caindo é porque está pronto.

8. Limão-siciliano é usado em diversas receitas, principalmente as que levam peixe e frutos do mar, porque a acidez da fruta ajuda a aguçar o paladar. Mas o limão precisa ser cortado na hora em que for usado.

9. Prefira assar a batata no forno a cozinhá-la em água. Fica mais saborosa, com textura mais firme e menos aguada. Para saber quando está pronta, espete um garfo e sinta a sua resistência. Se estiver fácil de espetar, é porque está no ponto certo.

10. Se você ainda se atrapalha na hora de descascar um gengibre, troque a faca pela colher. Fica bem mais fácil.

11. Comprou alho-poró e não sabe a maneira correta de limpá-lo? Retire as primeiras folhas e deixe apenas o talo. Dê dois cortes para abrir as folhas e lave bem para retirar as impurezas.

12. Cebola roxa é mais suave e mais adocicada que a branca. Para caramelizá-la, coloque numa frigideira com uma colher (sopa) de manteiga e deixe que perca a água e a acidez.

13. Para descongelar o camarão: deixe a bandeja por 24 horas na geladeira. Você terá um camarão fresco e de bom sabor.

14. As sementes do pimentão são facilmente retiradas se você der um corte logo depois do cabinho e passar a faca de modo circular por dentro do pimentão.

15. Se o mexilhão estiver fechado é sinal de que está fresco. Descarte os abertos.

agradecimentos

Agradeço a minha família, aos meus amigos, a toda a minha equipe CT.
Citei só alguns nomes, mas todos vão se reconhecer...

Clarisse
Thomas
Carolina
Bento
Julia
Alberto
Leticia
Dani
Jorjão
Aida
Flavinha
Denise
Batista
Delde
Cleiton
Isabella

Analista de marketing
Maria Portugal

Coordenadora de novos negócios
Flavia Abreu

Gerente de marketing
Mariana Novaes

Direção GNT
Daniela Mignani

Texto fixado conforme as regras do novo acordo ortográfico da Língua Portuguesa (Decreto Legislativo nº 54, de 1995).

Editora responsável: Aida Veiga
Editora assistente: Elisa Martins
Edição e preparação de texto: Ana Tereza Clemente
Revisão: Maria A. Medeiros
Capa, projeto gráfico e paginação: epizzo
Fotos de capa e miolo: Adriana Lorete
Fotos do making off (p. 42-43 e 120-121): Alexandre Campbel e Ric Ostrower
Fotos dos ingredientes: iStockPhoto (p. 2-3, 6, 9, 30-31, 34, 49, 56-57, 58, 87, 111 e 132), Jonathan Lim Yong Hian/iStockPhoto (p. 1) e Konstantin Kalishko/iStockPhoto (p. 31)

1ª edição, 2012
2ª edição, 2017

CIP-BRASIL. CATALOGAÇÃO NA PUBLICAÇÃO
SINDICATO NACIONAL DOS EDITORES DE LIVROS, RJ

T764m
2. ed.
Troisgros, Claude, 1956-
As melhores receitas do que marravilha! / Claude Troisgros. - 2. ed. - São Paulo : GloboEstilo, 2017.
136 p. : il.

ISBN 978-85-250-6513-1

1. Culinária. I. Título.

17-45029 CDD: 641.5
CDU: 641.5

Editora Globo S. A.
Av. Nove de Julho, 5229 – 01407-907 – São Paulo – SP
www.globolivros.com.br

merci beaucoup!

Este livro, composto na fonte Frutiger,
foi impresso em papel couchê fosco 115 g/m² na gráfica Ipsis.
São Paulo, Brasil, outubro de 2017.